파는 사람들

파는 사람들

2020년 9월 25일 초판 1쇄 발행
2020년 10월 5일 초판 3쇄 발행

지은이 파는 사람들

펴낸이 권정희
펴낸곳 ㈜북스톤
주소 서울특별시 성동구 연무장7길 11, 8층
대표전화 02-6463-7000
팩스 02-6499-1706
이메일 info@book-stone.co.kr
출판등록 2015년 1월 2일 제2018-000078호

ⓒ 파는 사람들(저작권자와 맺은 특약에 따라 검인을 생략합니다)
ISBN 979-11-87289-95-1 (03320)

이 책의 국립중앙도서관 출판예정도서목록(CIP)은 서지정보유통지원시스템 홈페이지(http://seoji.nl.go.kr)와 국가자료공동목록시스템(http://www.nl.go.kr/kolisnet)에서 이용하실 수 있습니다.(CIP제어번호: CIP2020038327)

책값은 뒤표지에 있습니다. 잘못된 책은 구입처에서 바꿔드립니다.

북스톤은 세상에 오래 남는 책을 만들고자 합니다. 이에 동참을 원하는 독자 여러분의 아이디어와 원고를 기다리고 있습니다. 책으로 엮기를 원하는 기획이나 원고가 있으신 분은 연락처와 함께 이메일 info@book-stone.co.kr로 보내주세요. 돌에 새기듯, 오래 남는 지혜를 전하는 데 힘쓰겠습니다.

파 는 사람들

언제 어디서든 팔리는
구조를 만드는 사람들의 비밀

───── 파는 사람들 지음 ─────

북스톤

'파는 힘'은 우리 안에 있습니다

안녕하세요, '파는 사람' 유재용입니다. 저는 2002년 수제요리전문점 '와라와라'를 시작으로 외식업에 발을 들였습니다. 그 후로도 '오늘, 와인한잔' 등 대중과 호흡하는 브랜드를 론칭했고, 현재는 140여 개의 직·가맹점을 운영하는 프랜차이즈 비즈니스를 하고 있습니다.

20여 년 동안 이 일을 해왔지만 누군가 지금 제게 외식업이 무어냐고 묻는다면 선뜻 답하기 망설여집니다. 외식업을 한마디로 딱 잘라 말하기 어려운 시대가 되어버렸기 때문일 겁니다. 설령 주인이 욕쟁이여도 맛만 있으면 용서(?)가 되던 시대는 지났습니다. 이제 외식업은 맛과 즐거움은 기본이요, 편리함을 전파하거나 취향을 공유하는 수단이 되었습니다.

새로운 가치를 팔아야 하기 때문일까요, 고민도 그만큼 깊어집니다. 오프라인과 온라인, 새로운 생각과 익숙한 생각, 고객중심과 자기다움… 새로움을 좇다 보면 내 장점을 살리지 못하는 것 같고, 잘하던 것에 집중하려니 왠지 뒤처지는 것 같고, 늘 경계를 오가야 하는 현실에서 자기만의 자리를 찾기란 좀처럼 쉽지 않습니다.

저만의 고민은 아닐 겁니다. 사장님들이라면 다 비슷한 과제를 안고 있죠. 그래서 외식업 사장들이 자주 교류하나 봅니다. 같은 고민을 하는 사람들이 모여 생각을 나누고 조언을 하다 보면 위로도 받고, 저로서는 생각도 못했던 해결책을 얻기도 합니다. 그만큼 제게 소중한 사람들이죠.

네, 짐작하셨겠지만 이 책을 함께 쓴 12명도 그렇게 만나고 있습니다. 외식업 종사자가 주를 이루지만, 사업모델이 겹치는 사람은 한 명도 없습니다. 이커머스에서 활약하는 친구가 있는가 하면 동네 맛집으로 자리잡은 친구가 있고, 컨셉을 살려 다양한 매장을 이끌어가는 친구가 있는가 하면 반대로 대를 이어 한 가지 메뉴를 묵묵히 파는 친구가 있고, 셰프에서 시작해 식당 경영으로 넓혀가는 친구가 있는가 하면, 만들 줄 모르는 메뉴로 외식업을 시작해 전국 최고의 매출을 올리는 친구도 있습니다. 그러고 보니 술을 주력으로 파는 사람은 저밖에 없네요.

12명의 면면은 각양각색이지만 한 가지 공통점은 모두 무언가를 '파는 사람들'이라는 점입니다. 이때 '판다'는 자신의 물건이나 서비스를 판다는 뜻이자 이제까지 꾸준히 파고들었던 무엇이기도 합니다. '파는 힘'은 자신이 좋아하고 잘할 수 있는 것을 지치지 않고 파고들 때 생깁니다. 이 책의 제목을 '파는 사람들'이라 지은 이유입니다.

물론 말처럼 쉽지는 않습니다. 세상은 빠르게 변하고 그 와중에 코로나19라는 위기는 전 세계를 뒤흔들고 있습니다. 책을 준비하기 직전, 저희는 배움을 얻고자 스페인으로 미식투어를 떠났습니다. 그곳에서 얻은 영감을 자신의 업에 어떻게 풀어낼지 고민하느라 돌아오는 비행기에서도 내내 진지했던 기억이 납니다. 그런데 코로나19가 터졌습니다. 많은 사장님들이 그렇듯 저희도 성장은커녕 지금을 지키는 데 급급한 시간을 더 많이 보내야 했습니다.

그러나 위기는 또 다른 기회라는 말처럼 어려움을 겪으며 깨달은 것이 있습니다.

첫째는 아무리 적어도 나를 찾아주는 고객은 반드시 존재한다는 겁니다. 실제 그러했고, 그들의 마음을 파고들 때 가장 진정성 있는 마케팅을 펼칠 수 있었습니다.

둘째로는 어려운 상황에서는 자기 기준이 확실한 사람이 절대적으로 유리하다는 겁니다. 특히 초보 창업자일수록 기준은 중요합니다. 나아가는 방향을 바꿀 때에도 기준점이 있어야 하니까요.

마지막으로, 답은 우리 안에 있다는 사실입니다. 함께 책을 쓰는 동안 후배가 해준 말이 종종 떠올랐습니다. "코로나 때문에 가게에 더 열심히 나갔더니 그동안 보지 못했던 것들이 보였어요."

위기를 극복할 힘, 끝까지 파는 힘은 우리 안에 이미 있을 겁니다. 미약하나마 저희 12명에게 있는 힘이 무언지 생각해보고, 잘 팔려면 무엇을 더 파고들어야 할지 정리해보는 마음으로 책을 꾸렸습니다. 부족한 생각을 책으로 엮어준 출판사에 감사의 마음을 전하며, 모든 분들이 자기만의 '파는 힘'을 찾기를 바랍니다. 이제는 누가 뭐래도 잘 파는 사람만이 살아남는 시대이니까요.

저자 '파는 사람들'을 대신하여, 유재용

Contents

CHAPTER 1

"'고생했어 토닥토닥'이라는 말을
좋아한다는 건 요즘 사람들이
다 외롭고 위로받고 싶다는 뜻 아닐까요.
그렇다면 제품이 아니라 고객 감성에
초점을 맞춰서 브랜드를 키워보자 싶었죠.
그렇게 방향을 세우고 나니
아이디어가 쏟아졌어요."

위로를 판다

유재용 · (주)오늘연구소 대표

2002년 수작요리주점 '와라와라'를 시작으로 '군선생', 캐주얼와인펍 '오늘, 와인한잔' 등
술을 통해 감성과 문화를 파는 브랜드를 론칭해왔다. 140여 개의 직·가맹점을 운영하는
프랜차이즈의 대표이며 스스로를 '다른 이들을 부자로 만드는 사람'이라 정의한다.
99%의 대중성과 지속가능성을 모두 갖춘 브랜드를 이어가는 것이 경영자로서의 목표다.

'와라와라'는 20년을 바라보는 장수 프랜차이즈인데요. 와라와라를 처음 만들 때 어떤 컨셉을 중요하게 생각하셨어요? 옛날에는 부어라 마셔라 하는 술집이 지배적이었다면 와라와라는 여성분들도 편하게 갈 수 있는 곳, 밥집 대신 1차로 가기에도 부담 없는 술집으로 만들었습니다.

사실 그전에 제가 사업한다고 까불다가 완전히 망하는 바람에, 지하 20평 매장에서 생계를 이어가려고 호프집을 연 게 시작이었어요. 그런데 장사가 너무 안 됐거든요. 그래서 모든 사람을 만족시키기보다는 우리의 핵심 타깃이 만족하는 술집을 만들어야겠다고 생각했죠.

와라와라를 할 때 27세 전후 직장여성을 타깃으로 잡고 방향을 설정했어요. 생과일 소주, 떡볶이, 계란말이 같은 메뉴를 그래서 만든 거예요. 처음에는 정말 장사가 안 됐는데, 1년 반 만에 손님들이 줄 서서 기다릴 정도가 됐어요. 이게 시발점이 돼서 다른 매장도 생겼고요.

원래 창업에 뜻이 있으셨나요? 아버지가 일찍 돌아가셔서 무척 가난하게 자랐어요. 그런데 하고 싶은 건 많아서 직장생활이 성에 안 차더군요. 광고대행사 AE였는데, 4년 동안 4곳을 퇴직금도 못 받으면서 옮겨다녔어요. 안 맞았던 거죠. 조그만 사업을 해봤는데 그것도 안 됐고, 그러다 서른여섯 살에 와라와라로 장사를 시작했어요.

그렇게나 돈을 벌고 싶었는데 안 벌리고 자꾸 도망가더라고요. 그러다 돈 버는 걸 포기하고 업의 본질, 식당업의 본질에 집중하고서야 행복해졌습니다. 내가 행복해지는 순간 우리 매장에 찾아오는 사람들이 행복해졌고 그다음에 돈이 따라왔어요. 순서가 바뀐 거죠.

업에 충실하다 보니, 내가 즐거우니 돈이 왔다는 말씀이 인상적입니다. 처음에 저는 사장이 카운터만 지키고 있으면 장사가 되는 줄 알았어요. 그런데 조리실장과 조리보조가 오픈 5개월 만에 갑자기 그만두더라고요. 주방 인력의 100%가 사라진 거죠. 아마 실연당했다 해도 그때만큼 고통스럽지는 않았을 겁니다. 당장 내일도 장사해야 하는데 어떡하지, 장사 접을까, 별 고민을 다 했어요. 그런데 저는 장사하면서 한 가지 굉장히 중요하게 생각하는 것이 있어요. 고객과의 약속을 반드시 지켜야 한다. 일단 영업시간을 정확하게 지켜야 한다고 생각해서 무턱대고 주방에 들어갔어요. 요리를 전혀 못하는데 말이죠.

　그날따라 손님은 왜 그렇게 많은지…. 조리 매뉴얼을 보면서 할 줄도 모르는 떡볶이며 오뎅탕을 만들었는데, 저는 그때 망하는 줄 알았어요. 컴플레인이 하도 많아서요. 맛이 왜 이러냐, 왜 이렇게 늦게 나오냐…. 그나마 오던 손님마저 끊기겠구나 생각했는데, 한편으로는 그때 느낀 게 있어요. 고객은 베테랑 주방장보다, 고객을 진정으로 사랑하는 오너의 요리솜씨를 좋아한다는 걸 말이죠. 그때부터 더 노력하기 시작했습니다. 나는 사장이니 정성스럽게 해야지, 요리 실력은 좀 모자라지만 밤마다 연습했어요. 2~3주쯤 지나니 만드는 게 손에 익더라고요. 요리에 자신감도 생기고.

　그때부터 장사하는 행복이 찾아왔어요. 카운터에 있을 때는 손님이 안 와서 걱정했는데, 식당업의 본질은 사실 음식을 만드는 거잖아요. 주방에 들어가서 직접 요리하고 땀 흘리고 고객들의 반응을 볼 때, '이게 본질에 집중하는 거구나, 본질에 집중하니 내 앞에 행복이 찾아오는구나' 생각이 들었어요. 사업도 그때부터 조금씩 풀리기 시작했고요. 손님들도 더 많아지고 너무 재미있고 행복했어요. 그렇게 주방에 3년을 있었네요. 그 3년을 밑천으로 점주님들 교육을 할 수 있었던 것 같아요.

나는 '부자를 만드는 사람'

이 책을 쓰시는 분들 가운데 프랜차이즈는 대표님만 하고 계신데, 개인 창업과 프랜차이즈의 차이는 무엇이라 생각하세요? 본인이 직접 창업하는 경우는 자신의 개인적 취향을 따르는 게 잘될 가능성이 큰 것 같아요. 예를 들어 할머니가 해줬던 찌개가 너무 맛있었다는 경험이 있다면 그 자체가 좋은 경쟁력을 갖춘 콘텐츠가 되는 거예요. 즉 개인 창업은 자기 내부에서 강점을 끌어내는 것이 가장 강력한 힘이 되지 않나 싶어요. 반면 프랜차이즈는 자기가 직접 브랜딩을 하지 않고, 돈을 벌고자 하는 수단으로 브랜드를 선택한다는 데 차이가 있겠죠.

프랜차이즈의 장점은 뭔가요? 프랜차이즈는 굉장히 가치 있는 비즈니스예요. 프랜차이즈 본사 사장으로서 '나는 부자를 만드는 사람'이라고 이야기해요. 프랜차이즈의 본질은 그 브랜드에 투자한 사람들이 돈을 벌게 하는 거잖아요. 이 본질을 놓치면 안 돼요. 말하자면 만족시켜야 하는 고객이 둘인 거죠. 점주님들과 찾아오는 손님들.

프랜차이즈 비즈니스에서는 점주님들이 돈을 벌고 있는지가 가장 중요해요. 돈을 벌 때는 본사 사장을 실력 있다고 하고, 아닐 때는 사기꾼이 되죠. 이분들에게는 목적이 있잖아요. 몇 억을 투자하는 목적은 돈을 버는 거예요. 그 목적을 충실하게 채워주지 못하면 신뢰를 잃는 거고요.

저는 다행히 많은 분을 부자로 만드는 데 성공한 것 같아요. 좋은 차로 바꾼 점주님을 보면, 차가 전부는 아니지만 그래도 스스로에게 칭찬을 해주죠. 내가 열심히 하면 사람들의 삶에 변화가 생기고 부자가 되게 할 수 있구나. 지금도 그 생각으로 자존감을 많이 채워요.

사실 쉽지 않죠, 누군가를 부자로 만들어준다는 게. 저 스스로도 부자가 됐다고 생각하니 가능한 일 같아요. 돈이 많고 적고를 떠나서 내가 원하는 것을 얻었고, 내 장사 비법을 전수해 사람들에게 도움을 주고 있으니까요.

그렇다면 프랜차이즈의 단점은? 본질적인 부분은 변하지 않되 시대에 맞춰서 모양을 바꿔가야 하는 게 참 어려워요. 프랜차이즈 비즈니스는 장점도 많지만 이런 부분에서는 매력이 떨어져요. 공장에서 하듯 탁탁 찍어내는 느낌이죠. 요즘 프랜차이즈들이 힘들어진 이유가, 매장이 가진 각각의 매력이 없어서예요. 그러니 고객들이 개인 사업장에 가죠. 고객들은 똑같냐 다르냐에 별로 신경 쓰지 않지만, 갈 때마다 느낌이 달라지는 걸 좋아해요. 어느 매장이든 똑같으면 지루해하고. 그런 면에서 스타벅스는 참 대단하죠. 매장마다 인테리어 컨셉이 다 다르더라고요. 거기에 들인 시간과 노력이 느껴졌어요.

저도 예전에는 본사 매뉴얼 안 지키면 큰일 날 것 같았지만 이제는 생각이 바뀌었어요. 기본은 같되, 고객들이 지루해하지 않게 매장 분위기나 인테리어 컨셉에는 변화를 줘도 된다고요. 2019년 12월에 제주점을 오픈했는데, 이 매장에서는 제주 전복 요리 같은 현지 특별 메뉴가 있으면 좋겠다는 생각을 했어요. 이런 변주를 고객들은 훨씬 매력적으로 느끼기도 하고요. 그래서 앞으로도 프랜차이즈 매장을 낼 때 공장식으로는 하지 않으려고 해요.

사람들이 프랜차이즈를 하며 어려움을 느끼는 또 하나의 이유는, 철학이 다른 상태로 일하기 때문이에요. 우리 브랜드에 대한 철학, 우리 브랜드가 중요하게 생각하는 것들을 계속 일깨우는 노력이 부족하면 그런 문제가 생기죠.

점주님 면접을 볼 때 무엇을 중점적으로 보세요? 긍정적이냐 부정적이냐를 주로 보죠. 부정적이면 뭘 해도 부정적이거든요. 돈을 벌어도 욕해요. 그건 제가 해결할 수 없어요. 교육을 아무리 해도, 원래 부정적인 사람의 생각을 바꿀 수는 없으니까요.

와라와라는 맛있는 메뉴가 많잖아요. '요리주점'이라는 컨셉을 생각하게 된 계기가 있는지요? 그때만 해도 술집 음식의 퀄리티가 굉장히 낮았어요. 창업 준비하면서 벤치마킹 삼아 일본에 많이 다녔는데요, 일본 이자카야의 요리 수준은 패밀리 레스토랑 이상이었어요. 그걸 보면서 우리나라 술집도 요리 수준을 높여야겠다고 생각했습니다. 그래서 생각한 컨셉이 '수작요리주가'였어요. 당시에는 냉동식품이나 가공식품만 썼으니 손으로 만든(手作) 느낌을 주자는 거였죠. 그래서 제가 주방에 있을 때는 오징어도 직접 다듬고 칼집 내고 다 했어요. 삼치 배도 직접 갈랐고.

그런데 프랜차이즈로 확장하니 모든 것을 다 하기엔 비효율적인 부분이 있더라고요. 그래서 전처리 과정을 조금 늘려서 일반 창업자들도 쉽게 조리할 수 있게 만들었죠. 센트럴 키친에서 나왔다고 해서 우리는 'CK제품'이라고 부르는데, 지금의 밀키트 같은 거죠. 그런 것들을 조금씩 만들어왔어요. 유통도 직접 하기보다는 아웃소싱으로 했고요.

상해에서도 도전하신 적 있다고 들었는데, 어떠셨어요? 2015년에 상해에서 6개월 살았어요. 와라와라가 굉장히 잘됐던 2012~13년 즈음에 북경에 저희 브랜드를 수출했는데, 그게 대박이 났어요. 그러자 상해에서도 와라와라를 하겠다는 파트너들이 많이 찾아왔어요. 그런데 제가 자만한 거예요. 내가 직접 한다며 상해에 직영점을 냈거든요. 아파트 하나 얻어놓고 6개월 동안 살면서 와라와라 상해점을 론칭했는데 완전 박살났어요. 돌이켜보면 어리석었죠. 자만하면 안 돼요. 지금도 중국에 갔던 한국 외식 브랜드 중에 살아남은 게 없어요. 파리바게뜨 정도 외에는 다 망했다고 봐야죠. 현지화도 어렵고, 사람들이 중국을 쉽게 보는 경향이 있는데 만만한 나라가 아니에요.

브랜드에도 성숙기가 있잖아요. 처음에 신경 쓸 게 있고, 성숙기에 해야 할 일이 다르고. 그 단계마다 전략이 어떻게 달라지는지 궁금합니다. 와라와라 1호점은 아무도 거들떠보지 않는 자리에서 시작했어요. 후미진 골목 지하 매장, 그런 데서 성공해서 돈을 벌었잖아요. 그래서 와라와라 초창기에는 A급 상권이 아닌 곳에 입점해서 성공시키는 전략을 썼어요. B급 지역에서 장사가 잘되면 수익률이 더 높아지니까요. 그런데 지금 돌아보면 시야가 좁았던 것 같아요. 프랜차이즈 비즈니스에서 가장 중요한 건 위치선점인데 말이죠. 파리바게뜨, 맥도날드, 스타벅스 모두 실은 입점전략의 승리예요. 제가 안 좋은 자리에서 성공했기 때문에 그 방식이 정답인 줄 알았지만 아니었던 거죠.

어떤 브랜드가 새로 생겼다고 해봐요. 그 브랜드가 잘되면 시장은 가만 놔두지 않아요. 모방 브랜드가 생기죠. 우리가 100이라면 모방 브랜드는 94, 95 정도의 경쟁력을 가지고 등장해요. 그런데 모방 브랜드가 우리보다 좋은 자리에 있으면 손님을 뺏기는 거예요. 그건 제가 신이 아닌 이상 어떻게 할 수가 없어요. 이 또한 자만심이었던 거죠. 그래서 '오늘, 와인한잔'(이하 '오늘와인한잔')에서는 입점전략을 철저하게 짜요. 물론 좋지 않은 자리에서도 성공시킬 수 있어야 하는 건 맞지만, 장기적으로 브랜드 가치와 브랜드의 수명을 생각하면 좋은 자리가 필요합니다. 저도 20년 하다 보니 이제 알 것 같아요.

**1% 와인을
99% 대중에게
파는 법**

말씀하신 오늘와인한잔은 특히 밀레니얼 세대에게 인기가 많은 것 같습니다. 그건 저희가 제품 속성보다는 우리 타깃인 밀레니얼의 감성에 주목했기 때문이라 생각합니다. 와인바는 이미 굉장히 많아요. 그러니 제품에서 출발하는 건 고객 입장에서 재미없단 말이죠. 외식업뿐 아니라 분야를 막론하고 앞으로는 다 그럴 거예요. 그래서 저희는 관점을 달리해서, 고객 감성을 채워주고자 출발한 브랜드라고 이야기해요. 1호점에 '고생 했어 토닥토닥'이라는 네온사인이 있었어요. 엄청 고민한 게 아니라 그냥 걸어둔 거였는데 고객들이 그걸 그렇게 많이 찍더라고요. 그 모습을 보면서 '밀레니얼 세대는 외롭고 위로받고 싶어 하는구나' 싶었죠. 그래서 고객을 위로하는 컨셉으로 가야겠다, 위로받을 수 있는 컨셉으로 가자고 정했죠.

그 네온사인은 어떻게 달게 된 거예요? 사실 오늘와인한잔은 제가 만든 브랜드가 아니에요. 와라와라 점주 중 한 분이 대학로에 오픈한 브랜드죠. 그런데 오픈하고 한 달이 안 돼서 문자가 왔어요. 굉장히 긴 문자였는데, 요지는 장사가 너무 힘드니 제가 같이 해주면 좋겠다는 거였어요. 제가 술을 즐기는 편도 아니고, 와인을 잘 아는 것도 아니고, 한창 와라와라 일로 머리 아플 때라 한 귀로 듣고 한 귀로 흘리려고 했거든요. 그런데 문자가 하도 간곡해서 예의상 한 번 가보겠다고 한 거죠. 그때가 2016년 12월이었어요.

가보니 상호와 가격 외에는 이렇다 할 특징이 없었어요. 그런데 가만히 보니 와인을 자주 마시지 않을 것 같은 사람들이 앉아 있더라고요. 재미있겠다 싶어서 일주일 만에 인수하고 브랜딩을 시작했어요. 와인을 잘 모르니 철저하게 프랜차이즈 사업의 시각으로 풀어냈죠. 브랜드의 철학과 미션을 뭘로 정할까 고민하다가, '고생했어 토닥토닥'이라는 말을 좋아하는 걸 보고 제품이 아니라 고객 감성에 초점을 맞춰서 브랜드를 키워보자 싶었죠. 그렇게 방향을 세우고 나니 다양한 아이디어가 쏟아졌어요. 그중 하나가 메뉴판이었고요. 시가 사람을 위로할 수 있는 가장 좋은 요소라고 생각해 시집처럼 메뉴판을 만들었어요.

와인 이름도 각별히 신경 썼어요. 보통 너무 어렵고 복잡해서 기억을 못하잖아요. 그래서 와인 이름을 저희가 다시 지었어요. 와인 스토리와 관계없이 그냥 고객이 듣고 싶은 말, 위로받을 수 있는 문구로 만들었는데 이걸 너무 좋아해주시더라고요. 우리 가게에 오면 왠지 위로받는 것 같다는 블로그도 많이 봤어요. 지금도 새 제품이 나오면 내부에서 이름 공모를 해요. 그리고 와인을 설명하는 명함을 만들어서 주문할 때마다 주는데 이것도 반응이 정말 좋아요.

오늘와인한잔은 가성비뿐 아니라 가심비도 충족하는 브랜드인 것 같습니다. 기획하는 사람에 따라 브랜드 방향성이 달라졌을 테고, 다만 저희는 위로 컨셉으로 정했을 뿐이에요. 방향이 정해지니 브랜드 정체성도 그 방향 안에서 출발한 거죠. '오늘백일장'이 그래서 나온 거고 '오늘시집'도 그런

미션이 있으니까 나오는 거예요. 오늘백일장에서 고객들이 글귀를 적어 넣게 하고, 수상작은 메뉴판에 넣어줘요. 고객과 함께 만드는 오늘시집이 되는 거죠.

'오늘밴드'도 하고 있어요. 오늘밴드가 매장을 다니면서 공연을 해요. 노래야말로 고객을 위로할 수 있는 가장 좋은 수단이라고 생각하거든요. 2019년에 오늘밴드 경연대회를 해서 대상을 받은 팀이 공연을 다녀요. 우리가 위로라는 미션에서 출발했기 때문에 이런 식의 마케팅 툴이 나올 수 있었어요. 인문학적인 접근방법이라고 해야 할까요.

메뉴 개발은 어떻게 하시나요? 와인과 가장 어울리는 페어링은 가장 맛있는 음식이라는 기조로 메뉴를 개발했어요. 치즈도 물론 좋지만, 우리 메뉴 중에 떡볶이도 있고 라면도 있잖아요. 사실 저는 초딩 입맛이라 그런지 페어링은 잘 모르겠어요. 예민한 1%의 사람들은 차이를 느낀다는데, 저희는 99% 대중을 상대로 장사하니 대중적인 입맛과 생각이 중요해요. 이게 프랜차이즈 비즈니스의 본질이니까요.

물론 와인이라는 품목을 선택한 것 자체가 우리의 문턱을 너무 높인 것일 수 있어요. 와인은 품종, 지역을 따져가며 과하게 의미를 부여하는 데다 비싸다는 이미지가 있으니까요. 하지만 개인적으로 술은 그렇게 공부하면서 먹는 게 아니라고 생각해요. 술은 마시면서 스트레스를 푸는 건데, 자꾸 공부해야 하면 스트레스가 쌓이지 않나요? 그렇게 해서 와인의 대중화가 가능하겠냐는 거죠.

가끔 와인을 잘 안다는 사람이 우리 브랜드에 오면 먹을 게 없다고 해요. 그런 사람도 있지만 그렇게 생각하지 않는 사람들도 중요해요. 가끔 오는 그런 사람들 때문에 내 컨셉을 바꿀 필요는 없다고 생각합니다. 오히려 그동안 폼 잡고 마셨던 관습을 무너뜨리는 게 저희 목표예요. 편하게 즐길 수 있도록. 제가 와인을 공부한 사람이라면 의견이 또 다를 수 있지만, 저는 복잡한 걸 싫어하거든요. 사람 사는 게 더 중요하죠.

경계 없는 경쟁, 공부하는 사장만이 살아남는다

술집과 식당은 다르다고 하셨는데, 그렇다면 술집은 어떤 장점을 내세워서 어떻게 포지셔닝해야 할까요?

일단 밥집과 술집은 동기부터 달라요. 밥집은 식사를 해결하는 게 목적이지만, 술집은 커뮤니케이션을 해결하는 게 목적이라고 생각해요. 대화를 하려고 가는 건데, 거기에 곁들여지는 게 술과 음식인 거죠. 그래서 밥집은 맛에 대한 기준이 굉장히 엄격한 반면 술집은 음식

에 대한 엄격함보다는 대화가 잘될 수 있는 분위기가 상당
히 중요해요.

**창업할 당시와 지금은 판도가 많이 바뀌었죠. 그에 따라 창업하
려는 후배에게 해줄 이야기도 달라질 것 같습니다.** 과거와 현
재가 많이 달라졌지만 본질은 똑같아요. 고객이 이긴 기분
으로 돌아가게 하면 돼요. 이 가게에 와서 내가 이득을 봤
다, 이렇게요. 맛이 됐건 가격이 됐건 분위기가 됐건. 다만
과거와 많이 달라진 게 있다면, 사진이 굉장히 중요해졌기
때문에 시각적인 요소를 많이 강화해야 한다는 거죠.

  점주님들 교육을 제가 직접 하는데, 이 이야기를 가장 많
이 해요. 고객을 공부해야 한다. 우리 브랜드에서 잘 버는
분들은 한 달에 5000만 원씩 소득이 생겨요. 매출이 아니
라 소득. 다른 업종에서 이 정도 버는 분들은 계속 공부하
면서 그 업을 유지하고 있거든요. 장사도 마찬가지예요. 업
을 유지하려면 새로운 고객, 새로운 트렌드를 공부해야 해
요. 잘되는 프랜차이즈 매장을 냈다고 돈이 저절로 벌리는
게 아니란 말이에요. 그런데 장사하면서 고객 공부를 안 하
는 경우가 종종 있죠. 그러다 망하는 곳들이 너무 많고요.
트렌드를 못 따라가는 문제가 아니라 공부를 안 하는 거예
요. 장사를 너무 가볍게 생각한 거죠. 창업하려면 공부를

많이 해야 한다고 인식이 바뀌었으면 좋겠어요.

직원들 동기부여는 어떻게 해주시나요? 점주님들에게도 직원 교육을 강조하시나요? 강조하죠. 특히 고객을 만날 때 하는 멘트들, '진실의 순간(MOT)'이라고 하잖아요, 그런 것들을 강조하죠. 장사의 핵심이 거기에 있거든요. 스페인에서도 느꼈지만, 미슐랭 레스토랑들은 다 음식에 대한 설명을 해 줘요. 그 설명을 들으면 음식을 대하는 마음이 완전히 달라져요. 반면 대중식당들은 이렇게 하는 경우가 별로 없잖아요. 하지만 대중식당 중에서도 장사가 잘되는 곳들은 이런 MOT를 실천해요. 소고기 한 근을 팔더라도 "함평에서 3년 이상 된 암소만 골라 4일 동안 10℃에서 숙성한 고기예요"라고 말하죠. 그러면 음식이 다르게 느껴지죠. 이걸 잘하는 곳들은 장사가 다 잘돼요. 그래서 우리도 와인을 드릴 때 와인 특징을 이야기하면서 명함을 드리는 거예요. 그게 MOT의 핵심이니까요. 장사의 핵심이고.

이렇게 고객과의 접점에서 노력해야 하는 것들을 교육에서 굉장히 많이 이야기하고 훈련도 시켜요. 장사를 처음 하시는 분들은 간판 걸어놓고 카운터 지키고 있으면 저절로 잘될 거라는 인식이 알게 모르게 있는 것 같아요. 그렇게 했다가 장사 안 돼서 본사 욕하지 않게 하려면 제가 교육을 열심히 시켜야죠. 예를 들어 고객에게 친절하게 대하라고 아무리 말해도 직원들이 해석하는 '친절'은 다 달라요. 그래서 친절하라고 말하는 대신, 이 제품을 내갈 때 이런 이야기를 반드시 하라고 교육해요. 그러면 직원은 그대로 이행하고, 이야기를 들은 고객은 친절과 함께 제품에 대해서도 다른 가치를 느끼게 되죠. 친절의 기준은 사람마다 달라서 똑같이 대해도 누구는 친절하다 느끼고 누구는 쌀쌀맞다 느낄 수 있지만, 제품에 대한 스토리로 접근하면 다르거든요.

오늘의 행복을 선사하는 일

최근 외식업의 가장 굵직한 이슈는 코로나19일 텐데요. 외식업 시장에서는 어떻게 해야 살아남는다고 보시나요? 오프라인만 해서는 안 되고 온라인도 함께 병행해야 살아남아요. 코로나19라는 계기도 있지만, 아예 라이프스타일이 바뀌고 있기 때문이에요. 앞으로 10년만 있으면 1인 고객 비중이 50%일 거란 말이에요. 그리고 사람들이 술 같은 것보다는 개인 취미생활을 많이 즐길 것이기 때문에 오프라인 매장만으로는 한계가 있죠. 그래서 저희도 정기구독 시장을 관심 있게 보고, 그런 방향으로 발전시켜보려 고민하고 있어요. 위로를 구독할 수 있는 방법은 없을까. 와인을 정기구독하는 건 너무 재미없고, 예를 들어 위로박스 같은 걸 만들어서 매달 받게 하는 건 어떨까. 그 안에 와인도 있고 꽃도 있고 시도 있는 거죠. 실제로 와인과 어울리는 치즈박스를 만들어서 10개 매장 대상으로 시험해봤는데 반응이 굉장히 좋았어요. 이 밖에 테이크아웃도 필요하고요.

정기구독은 온라인 확장뿐 아니라 고객이탈을 방지할 수단, 나아가 팬덤의 기반이기도 해요. 팬덤이 확실하면 적어도 망할 일은 없으니까요. 그래서 매월 3000원 내는 고객, 5000원 내는 고객을 확보할 방안을 고민하고 있어요. 어플도 준비 중이고요. 여러 가지 아이템과 결합해서 다양한 방법을 시도해볼 생각이에요. 회비만큼 혜택을 주어 '이 정도면 손해는 아니네' 생각할 방안들이요. 장사하는 사람들에게는 앞으로 이런 고민이 필수가 될 거라 생각해요. 옛날처럼 오프라인 유명 맛집이 되는 걸로는 한계가 있죠.

앞으로의 계획도 말씀해주세요. 저는 '오늘'이라는 말이 주는 힘이 있다고 봐요. 인생에서 가장 중요한 날은 오늘이잖아요. 내일도 아니고 어제도 아니고 오늘. 오늘와인한잔을 하다 보니 '오늘'의 의미가 정말 좋아서, 이걸로 패밀리 브랜딩을 해보려고 법인명도 '오늘와인'에서 '오늘연구소'로 바꿨어요. 매일 오늘이 행복하다면 그 인생은 행복한 인생이니까요. 이 메시지를 가지고 브랜드를 확장하려고 해요. '오늘, 맥주한잔'은 오픈했고, '오늘, 커피한잔'도 운영 중에 있어요. 나중에는 숙박업을 연결해서 '오늘, 스테이'로 발전시키려고요. 그래서 '오늘연구소'입니다.

밀레니얼 세대에 최적화된 컨셉인 것 같습니다. 요즘 세대는 과거나 내일보다 오늘을 중요하게 생각하거든요. 그래서 '오늘'의 의미를 좀 확장해보고 싶은 거죠. 오늘을 연구한다는 건 어떻게 하면 오늘 사람들이 행복할 수 있을까, 어떻게 하면 사람들에게 오늘 더 용기를 줄 수 있을까, 더 위로할 수 있을까 하는 것들이에요. 재미있지 않나요? 이런 컨셉으로 출발하면 관점이 달라질 수 있다고 봐요. 제품으로는 차별화하는 데 한계가 있으니, 누가 어떻게 잘 포장해서 고객들에게 쏙 집어넣느냐가 중요하죠. 광범위한 행복 중에서 우리는 고객들이 위로받을 수 있게, 자기 마음을 알아준다고 느낄 수 있게 브랜딩하고 싶어요. 자기 브랜드의 니즈를 뾰족하게 만들어서 고객의 마음에 안착시킬 수 있느냐가 브랜드의 성패를 가르는 핵심이겠죠.

밀레니얼에게서 찾은
차별화 전략

'와인' 하면 보통 비싼 술, 많이 알아야 마실 수 있는 술로 인식되어 있다. 어느 정도 사회적으로 성공한 사람들이 마시는 술이라는 이미지도 빼놓을 수 없다. 하지만 우리의 대표 브랜드 '오늘, 와인한잔'은 그와 정반대 전략을 취한다. 와인의 대중화를 넘어 와인을 즐기는 주요 타깃과는 다소 거리가 있는 젊은 세대를 주요 고객으로 끌어들이는 데 성공했다.

와인을 누구나 편안하고 유쾌하게 즐기는 술로 인식시키고 프랜차이즈화하는 데까지 오늘와인한잔이 어떠한 전략을 취했는지 그 배경과 함께 정리해보겠다.

제품을 파는 시대는 끝났다

기존의 와인 판매방식은 제품으로부터 출발했다. 이 와인의 품종이 뭐고, 어느 지역에서 생산되었으며, 몇 년에 만들어졌고 등등…. 맛의 표현도 '바디감', '타닌' 등 낯선 용어들 일색이다. 그러다 보니 누구나 편하게 다가가기 어려웠다.

오늘와인한잔의 전략은 제품이 아닌 소비자로부터 출발한다. 우리 고객인 밀레니얼 세대가 원하는 건 뭐지?

소비자의 머릿속에서 출발한 결과 부담 없이 마실 수 있는 '잔 와인'이 나왔고, 1인 가구의 증가와 SNS의 부작용으로 점점 더 강해지는 '외로움'이라는 감성을 찾아낼 수 있었다. 이 감성까지 채워줄 수 있는 브랜드로 만들기로 하고 브랜드의 미션을 '위로'로 정했다.

기억하기 힘든 와인 이름을 어떻게 소비자 중심으로 해결할 수 있을까?

'우리 같이 걸을까', '참 기분 좋은 하루야', '우리 꽃길만 걷자', '너를 응원해' 등은 친구에게 건네는 말 혹은 누군가의 마음을 건드리는 문구 같다. 이는 오늘와인한잔에서 와인의 이름 대신 붙인 것이다.

미션을 '위로'로 정하고 고객들에게 쉽게 다가갈 수 있는 부분이 뭘지 생각한 끝에 메뉴판 자체를 시집처럼 만들기로 했다. 와인을 알지 못하더라도 우리 매장에서는 '언제나 고마워', '문득 네가 생각나는 밤이야'라는 말로 와인을 시킬 수 있다. 그렇다고 와인에 대한 정보가 없는 것은 아니다. 와인을 주문하면 품종과 바디감, 당도 등이 적힌 명함 사이즈의 카드를 한 장씩 주는데, 와인에 대해 배울 수도 있거니와 그 자체로 위로의 메시지가 된다. 또한 고객들과 자연스럽게 소통하는 스토리텔링의 기반이 되기도 한다.

인문학 마케팅에서 해답을 찾는다

우리 브랜드가 주요 타깃으로 삼은 밀레니얼 세대는 가성비를 따지지만, 자신이 원하는 것에는 돈을 아끼지 않는 세대이기도 하다. 즉 해볼 만한 가격을 제시하는 것 못지않게 그들이 원하는 핵심가치를 선사하는 것이 중요하다.

위로를 전달하는 데 빠질 수 없는 것이 시, 음악, 미술 등 인문학에 기초한 콘텐츠다. 그래서 오늘와인한잔은 '오늘밴드'를 결성해서 매장에서 고객들에게 음악을 통해 위로를 전한다. 또한 '오늘 백일장'을 마련해 고객들이 직접 시를 지어 콘테스트에 참여하도록 한다. 젊은 일러스트 작가들과 콜라보레이션하여 '오늘시집'의 이미지를 함께 만들어가는 등 다양한 분야의 젊은 예술인들과 함께 성장하는 방법을 모색하는 실험도 계속하고 있다.

내부 인테리어에도 위로의 미션은 적용된다. 마음이 가장 편해지는 컬러가 녹색이라는 생각으로 매장에 그리너리 (greenery) 컨셉을 접목했다. 공간에서 주는 식물들의 조합이 찾는 분들에게 편안함을 안겨준다.

소비패턴의 변화를 놓치지 않는다

우리만의 가치를 꾸준히 밀고 가는 것도 중요하지만 사람들의 소비심리와 시장의 흐름을 놓치지 않는 것도 간과할 수 없다. 2020년 코로나19로 다른 업계와 마찬가지로 외식시장 역시 오프라인 매출이 하락하는 아픔을 맛봤다. 비대면 문화가 확산되고 배달과 픽업 시장이 활성화되는 것을 보며 추후 오프라인의 약점을 해결할 수 있는 전략이 필요하다고 판단했다.

이에 따라 와인과 와인에 어울리는 메뉴를 함께 배달하는 서비스를 론칭했고, 오늘와인한잔에서 맛본 와인을 합리적인 가격에 구매할 수 있는 세일즈 채널도 가동했다. 2019년부터 준비해온 덕분에 위기상황에 발 빠르게 대응할 수 있었다. 이제는 공간의 제약을 극복할 수 있는 비즈니스 모델이 필요한 시대다. 와인을 즐기는 사람들의 수요가 꾸준히 늘어나면서 새로운 와인을 정기적으로 제안받고자 하는 이들을 위한 정기구독 서비스도 준비하고 있다.

'오늘'이라는 컨셉을 파는 브랜드로 진화한다

업종을 막론하고 외식업의 브랜드 확장은 피할 수 없는 과제이자 거쳐야 할 과정이다. 여기서도 제품이나 업종이 아닌 우리의 주요 타깃에서 답을 찾았다. 밀레니얼 세대는 '나'를 중심으로 한 세계관에 익숙하다. 과거에는 조직이나 단체에서 나의 역할을 찾았다면, 밀레니얼은 나만의 사고방식과 그 표현에 익숙한 세대다. 또한 지금 나의 행복, 내가 누릴 수 있는 행복을 최우선으로 생각하는 세대이기도 하다. 그 가치관에 부합하는 브랜드를 만들고자 우리는 '삶 속에서 가장 소중한 하루는 오늘'이라는 슬로건을 기반으로 '오늘'이라는 시간을 다양한 관점에서 해석하는 브랜드를 선보이고 있다.

오늘와인한잔이 끊임없는 경쟁의 시대를 살며 일상에 지친 나를 위해 '위로'를 전달한다면, 최근 새롭게 론칭한 '오늘, 맥주한잔'은 나의 '새로운 오늘을 위하여'라는 슬로건 아래 '용기'라는 감성을 끌어냈다. 즐거운 오늘을 보내면서 새로운 내일을 기대하고 준비할 수 있도록 용기를 주고자 한 것이다. '오늘, 커피한잔'은 나의 '꿈'에 대해 이야기하는 브랜드다. 커피 메뉴를 꿈과 관련된 이름으로 바꾸고, 컵홀더와 매장 인테리어에 내가 가진 꿈이 무엇인지 떠올려볼 수 있는 다양한 메시지를 심었다. 꿈에 관한 그림책과 내 꿈이 무엇인지 낙서할 수 있는 작은 공간은 오늘 내가 가진 꿈이 무엇인지 생각하는 시간을 제공하는 도구가 된다.

여러 번 강조했지만 메뉴와 가격의 경쟁만으로는 도무지 차별화하기 어려운 것이 요즘의 외식시장이다. 그렇다고 개개인의 취향이나 유행만 좇다가는 자기 브랜드의 '파는 힘'을 잃어버리기 십상이다. 지금 시장을 지배하는 가치가 무엇인지를 읽어내고, 고객이 원하는 가치와의 접점을 찾아 우리만의 스타일로 제안할 수 있어야 한다. 우리는 그것을 '오늘이 주는 가치'라 보았고, 위로와 용기와 꿈이라는 감성으로 이어나가고 있다.

"온라인과 오프라인의 첫 번째 차이는,
오프라인은 목만 좋으면
지나가는 사람을 잡을 수 있는데
온라인은 지나가는 사람이 없다는 거예요.
우리 사이트 앞을 아무도 안 지나가요.
어떻게든 다른 데 있는
사람을 데려와야 해요."

[CHAPTER 2]

시간을 판다

박종철 · 집반찬연구소 대표이사

대학교 4학년, 부모님과 함께 강원도 토속 한정식 '산너머남촌'을 론칭한 후
한식 프랜차이즈를 운영해왔다. 외식업 제2브랜드 '영월애곤드레'를
성공시킨 뒤 온라인 커머스 '집반찬연구소'를 론칭하여 성장에 집중하고 있다.

원래는 오프라인 매장으로 시작하셨죠? 네. 지금도 하고 있어요. 외식업 하려고 대학도 경영학과에 갔어요. 4학년 때 한 학기 남겨놓고 아버지가 하시던 매장에 투입됐고요. 졸업은 해야 하니 학교에 돌아오긴 했지만, 어쨌든 그때부터 지금까지 이 일만 열심히 하고 있어요.

오프라인 매장을 하다 온라인으로 옮겨온 계기가 있나요? 저는 프랜차이즈를 했어요. 100평짜리 대형 점포로 15개. 그런데 한식 분야에 대기업이 치고 들어오더라고요. 그들보다 제품 역량이나 파워가 힘에 부쳐 고전하던 중에 메르스가 터졌어요. 메르스가 지금의 코로나19 같았거든요. 그때 접었죠. 그런데 그때 아는 형님이 이러는 거예요. "내가 아는 곳은 매출이 2배 올랐던데?" 나도 한식 하고 그 사람도 한식 하는데, 나는 죽게 생겼는데 저쪽은 왜 잘되지 싶더라고요. 알고 보니 그 업체가 '더반찬'이었어요.

당신에게는 온라인 DNA가 있는가?

그때 온라인으로 해봐야겠다고 생각하신 건가요? 당시 사업을 잘하셨던 분들은 메르스를 견뎌냈어요. 저는 못 견뎌서 주저앉았는데, 그때 본 거죠. 온라인과 오프라인이 많이 다르더라고요. 요즘 외식업 하시는 분들이 코로나19 때문에 온라인에 관심을 가지시잖아요. 저도 예전에 사업이 잘됐으면 관심 없었겠죠. 생존의 위기가 오니 새로운 것이 보이더라고요.

온라인으로 나가봐야겠다 생각하고 컴퓨터 학원부터 다녔어요. 어마어마하게 적자를 낸 터라 돈이 없으니 스무 살 친구들 사이에서 프로그래밍 배우고, 사업자금 마련하려고 '영월애곤드레' 브랜드를 냈죠. 이게 되면 반찬 사업을 하고, 안 되면 여기서 끝내겠다는 마음으로요. 다행히 잘돼서 1년 동안 번 돈에 대출을 끼고 집반찬연구소를 시작했어요. 2016년 12월에 오픈했습니다.

제조는 자신 있다 해도 유통이나 브랜딩은 어떻게 돌파할 생각이었나요? 브랜딩은 대학교 때 많이 배워서 생소하지는 않았어요. 오히려 문제는 온라인에 대한 이해도가 없었다는 거죠. 제품은 만들 수 있다, 브랜딩도 자신 있다, 그런데 팔

데가 없잖아요. 온라인으로 팔아야 하는데. 온라인과 오프라인의 첫 번째 차이는, 오프라인은 목만 좋으면 지나가는 사람을 잡을 수 있는데, 온라인은 지나가는 사람이 없어요. 우리 사이트 앞을 아무도 안 지나가요. 어떻게든 다른 데 있는 사람을 데려와야 해요.

오프라인과 온라인의 두 번째 차이는 이거예요. 저도 매장을 할 때 구 단위에서는 1등까지 해봤어요. 흔히 동네에서 짱 먹는다 그러잖아요. 그런데 온라인에서는 출시하는 순간 전국 1등이랑 바로 붙어요. 동네에서 할 때는 그 동네 사용자들만 상대하면 되는데 이건 전국구 승부고, 상대방은 전국 1등이니 엄청나게 돈을 쏟아부어요. 난 돈도 없고 사람도 없고 경험도 없는데. 이게 온라인의 난점이에요.

코로나19 이후로 많은 분들이 온라인에 관심 가질 텐데, 그 두 가지가 가장 막막하겠네요. 그렇죠. 지금 시작하려고 하는 분들은 이 점을 생각해보셔야 해요. 제가 처음 외식업 시작할 때 우러러보던 선배님들이 계세요. 그때 이미 성공한 분들, 그분들이 온라인을 하지 않은 게 아니에요. HMR 다 했어요. 그때도 하고 지금도 하고 계시는데, 잘 안 돼요.

왜일까요? 그 이유가 궁금하더라고요. 그분들이 똑똑하지 않냐, 사업 수단이 없냐, 돈이 없냐, 사람이 없냐. 그렇지 않거든요. 저보다 훨씬 능력 있고 감각도 있단 말이에요. 그런데 왜 온라인에서는 안 되지? 그러면 온라인에서는 누가 잘하는지 알아봤더니 저보다 한참 어리고 돈도 없고 아무것도 없는 친구들이 잘되더라고요. 이상하잖아요. 서로 맞붙으면이 선배들이 이기는 게 맞는데 왜 후배들이 이길까?

제 결론은 이거였어요. 그분들 능력의 문제가 아니라, 그분들이 온라인을 서브로 생각하고 있었던 거예요. 온라인은 대표가 직접 하지 않으면 잘 안 돼요. 그러면 누가 성공했냐? 온라인 DNA가 있는 친구들이죠. 슬림쿡 하는 재현이 같은 친구들. 그 친구들은 처음부터 온라인으로 시작했어요.

대부분 오프라인에 거점을 두고 알리면서 온라인을 하면 좀 쉬울 거라 생각하는데요. 그게 상식적으로 맞잖아요? 그런데 성공사례가 거의 없어요. 적어도 제가 찾은 사례는 거의 없어요. 저도 오프라인 DNA인데 배수의 진을 치고 생각부터 조직까지 온라인에 맞춰 다 뜯어고친 거예요. 하다못해 저는 프랜차이즈를 할 때 정장 입고 다녔어요. 그런데 지금은 청바지 입고 다니기 시작했어요. 수염 기르고 안경 쓰고 머리도 특이하게 자르고. 저희 사무실도 온라인 회사처럼 꾸며져 있어요. 직원들도 식품회사인 줄 알고 왔는데 "우리 회사 식품회사 아니야, IT회사야"라고 계속 주지시켰고요. 계속 그렇게 끌고 왔습니다. 그랬더니 조금씩 바뀌어요.

대표님이 생각하는 온라인 DNA는 어떤 건가요? 우리가 일반적으로 알고 있는 IT회사와 다르지 않다고 봐요. 처음에 저는 '나는 식품회사가 아니다, 나는 외식업이 아니다, 나는 IT다' 이렇게 선을 긋고 갔어요. 그때는 농담 삼아서 "내 업은 푸드테크"라고 했지만 사실 농담이 아니죠. 스스로 계속 세뇌시켜야 했으니까요. 그렇게 말했더니 선배님들이 막 웃었어요. 네가 무슨 IT냐고. 하지만 그렇게 선을 그으면 보이거든요. 지금 보면 맞는 방향이었고요.

업의 본질을 얘기한 거네요? 네, 사업의 근간은 식품이지만 업의 본질은 IT라는 거예요. 그 DNA가 명확해야 한다고 봐요. 그다음에 콘텐츠가 있고 외식이든 식품이든 있는 거죠. 누군가가 온라인에서 식품을 판다면, 거기에 건강기능식품 갖다놓으면 건강기능식품 사업을 할 수 있는 거고, 화장품 갖다 붙이면 화장품 할 수 있는 거예요. 그냥 그 사람이 하는 비즈니스의 현재 콘텐츠가 식품일 뿐이지, 이 사람의 본질은 IT인 거죠.

오프라인을 하면서 온라인은 부가수익으로 생각하는 사람들이 많더라고요. 그렇게 해서 수익을 낼 수는 있어요. 불가능한 건 아닌데 온라인에 자리잡을 수는 없다는 거죠. 그냥 소소하게 판매하는 수준이에요. 그런 방식으로 정점까지 간 게 만석닭강정이에요. 물론 만석닭강정은 온라인에서 매출을 훌륭히 올리고 있지만, 온라인 시장을 볼 때 부가수익만 보고 해서는 안 되잖아요. 훨씬 더 큰 그림을 그리는 사람들이 있는데.

그리고 대부분의 외식업 사장님들은 온라인이라 하면 일단 싸다는 생각부터 해요. 하지만 아니거든요. 그리고 온라인은 서빙도 하지 않으니 쉽다고 생각해요. 둘 다 아니에요. 제가 외식업 하는 선배님들에게 불려다니면서 '얘기 좀 해달라'는 말을 듣는데, 그때마다 이 얘기를 해요. 이유도 다 설명해줘요. 저도 처음에 BEP를 7000만 원으로 계산했는데, 계속 적자가 났어요. 다시 계산해보니 2억이더라고요.

구체적으로 어디에 돈이 많이 들어가요? 크게 보면 운영비가 많이 들어가요. 인건비죠. 두 번째가 배송, 포장 쪽에 엄청 들어가요. 제가 할 때만 해도 신선식품 배송은 막 시작 단계였어요. 얼핏 생각하면 매장에서 이모님들이 포장한다는 개념으로 접근하기 쉽거든요. 그런데 그렇지 않아요. 예를 들어 하루에 아이스박스가 1000개 나가고 사흘마다 아이스박스가 들어온다고 하면, 우리 공장 어딘가에 아이스박스 3000개가 있어야 한다는 거잖아요. 아이스박스는 접히지도 않는데, 엄청난 공간을 차지하는 거죠. 1000개를 팔아봐야 매출이 어마어마한 것도 아닌데. 공간도 많이 차지하고 손도 많이 가고 포장도 시간 맞춰서 보내야 하고. 신선식품이 왜 돈이 안 되냐면 일이 너무 많아요. 그걸 처음엔 몰랐어요.

자사몰 말고 외부몰에도 집반찬연구소 제품이 많이 보이는데, 어떤 전략인가요? 쿠팡프레시, B마트, GS Shop, 초록마을 등 다양한데 자사몰 대비 외부몰이 55대 45예요. 처음에는 외부몰보다 자사몰에 더 집중했어요. 배수의 진을 치고 시작한 사업이니 유통에 휘둘리지 않고 독자적으로 하겠다고 결심했는데 배민찬이라는 당시 업계 2위 플랫폼에서 입점해달라고 오퍼가 왔어요. 고민하다가 자사몰 매출이 안 나올 때라 들어가게 됐죠. 그게 첫 번째였어요.

그런데 배민찬이 반찬 사업을 접었어요. 당시 저희 매출의 30%를 차지했는데 큰일이잖아요. 그때 아내가 쿠팡에 들어가 보라고 권하더라고요. 본인이 써보니 좋던데 쿠팡이 신선식품 배송도 시작했다는 거죠. 그 말을 듣고 쿠팡프레시 MD를 수소문했어요. 이 MD를 만나기가 너무 힘들었어요. 신규부서에 아무리 제안서를 넣어도 회신이 오지 않았어요. 절박하니까 물류 컨퍼런스에 가서 처음 만난 대표에게 다짜고짜 쿠팡프레시 담당자를 아느냐고 물어봤어요. 그때 소개받은 쿠팡 직원분이 전사메일을 돌려서 담당자를 연결해줬어요. MD가 11명일 때였으니 쿠팡프레시 초창기에 들어간 거죠. 지금 쿠팡이 저희 매출의 40%를 차지하고 있어요.

외부몰에 입점해보고 어떤 점을 배웠나요? 외부몰은 수수료 구조여서 수익 면에서는 생각만큼 좋지 않아요. 게다가 저희는 일반 식품이 아닌 신선식품, 매일 새벽배송해야 하다 보니 물류비가 들어가요. 장점이라면 규모가 커지니까 식품공장을 회전시켜 고정비 비율을 낮출 수 있고, 리스크 헤지(risk hedge) 효과도 있어요. 자사몰에 문제가 생길 수도 있는데 그때 외부몰 매출이 있으면 도움이 되죠.

물론 외부몰에 문제가 생길 수도 있어요. 이번 코로나19 때 쿠팡물류센터에 문제가 터졌잖아요. 그 이슈로 쿠팡이 어려워지니 MD도 저희 물건을 매입하지 못하더라고요. 이때는 자사몰이 받쳐준 덕에 매출을 유지할 수 있었죠. 이처럼 쿠팡 같은 외부몰과 자사몰을 동시에 운영하는 것은 리스크 헤지 효과가 커요. 자사몰만 운영하다 사이트가 셨다 운되기라도 하면 매출이 0이잖아요.

집반찬의 프리미엄

집반찬연구소만의 차별점이 있다면? 제가 시작할 때 더반찬이 1등이었어요. 더반찬을 이기기 위해 내가 뭘 해야 할지 고민하다가 배민을 벤치마킹하자 했는데, 배민이 반찬을 한 거예요. 낙동강 오리알 신세가 된 거죠. 한쪽은 대기업이 인수해서 자본력도 있고 이미 시장에서 자리잡은 1등, 한쪽은 IT 톱클래스. 나는 IT도 잘 모르고 돈도 없고 사람도 없고 이제 처음 시작하는데… 이렇게 생각하니 답이 없더라고요.

경영학을 배웠으니 전략적으로 위로 갈지 아래로 갈지 고민을 많이 했어요. 상대는 대중적 브랜드인데 그 위로 갈까 밑으로 갈까. 저는 프랜차이즈도 해봤고 아버지 때부터 3500원짜리 칼국수 1000그릇씩 팔아봤거든요. 그게 얼마나 힘든지 알아요. 싸게 파는 건 다품종 소량생산 비즈니스에는 맞지 않다는 결론을 내렸어요. 그래서 난 위로 간다.

프리미엄으로. 다른 사람들은 다 밑으로 갔어요. 가격으로 차별화한 거예요. 그런데 저는 무조건 더반찬보다 30% 비싸게 했어요. 미친 짓이죠. 직원들도 공감을 못했어요. 반찬은 껌 같은 늘상 있는 제품인데 가격경쟁력에서 밀리면 안 된다는 거예요. 그래도 고집했어요. "우리는 프리미엄 브랜드인데 할인을 그렇게 하면 어떡해. 남들 상관없이 할인율 10% 이상 넘기지 마." 이 얘기를 1년 반 동안 주구장창 했어요. 저희는 지금도 할인율이 대부분 한 자리예요. 그런데도 시장에 안착하는 걸 직원들이 봤잖아요. 이제는 거꾸로 직원들이 아예 사지 못할 가격을 부르고, 제가 낮춰요. 지금은 경쟁사와 비교했을 때 10~20%도 가격 차이가 안 나요. 경쟁사가 가격 올리는 동안 저희는 거의 안 올렸거든요. 그래도 저희만 프리미엄 등급인 거죠.

인식을 그렇게 시킨 거군요. 저희만의 차별화 포인트를 물어보셨는데, 저희는 프리미엄이에요. 그리고 당면목표는 프리미엄의 대중화예요. 지금 용기도 바꾸고 내부 앱도 다 바꾸고 있어요. 이게 무슨 전략이냐면, 스타벅스는 커피 가격이 10~20년 전과 크게 다르지 않아요. 이상하잖아요. 스타벅스가 4000원에 팔 때 1500원에 팔던 경쟁자들이 이제 3000원에 팔면, 스타벅스도 가격 올려야 하는데 안 올린다는 거죠. 그걸 제 나름대로 해석한 게 '프리미엄의 대중화'

예요. 우리 회사도 가격대를 딱 지정해놓고 경쟁자들이 따라 오르면서 프리미엄 시장이 커지면 그 시장을 다 먹어야겠다고 생각했어요. 이제 그 시작 단계예요.

온라인 사업의 브랜드 경험(BX)은 오프라인과 어떻게 다른가요? 식당도 그렇지만 식품회사는 재구매가 안 되면 망해요. 다른 온라인 쇼핑몰들은 후킹하는 멘트와 제품을 넣고 결제만 끝나면 나 몰라라 하는 경우도 있는데, 식품은 저마진이라서 계속 사게 해야 해요. 다행히 저희 재구매율은 70%가 넘어요. 어린 자녀를 둔 30~40대 강남·마포·용산 부모들이죠. 이들에게 맞는 브랜드 경험이 되게 중요해요. 우리 브랜드가 왜 이런 폰트를 쓰는지, 왜 한글 위주로 쓰는지, 왜 포장을 이렇게 하는지를 하나하나 브랜드 경험에 녹여내는 거죠. 이를테면 택배 박스 받았을 때 테이프 떼기 어렵잖아요. 그 끝을 접어서 떼기 쉽게 한다든지, 저희가 반찬을 에어캡, 일명 뽁뽁이로 포장하는 걸 반찬업계 최초로 시도했어요. 반찬이 움직이지 않게 하는 거죠. 이런 게 전부 고객이 우리 브랜드를 어떤 접점에서 만나느냐거든요.

그렇다면 브랜딩이란 뭐라고 생각하세요? 저는 그냥 내 자신
이다. 어떤 브랜드를 만들지 고민을 많이 했는데, 결론은 저
같은 브랜드였어요. 저 같지 않은 브랜드를 운영해봤더니,
가면을 쓰고 하는 거잖아요. 브랜드와 내가 다르면 되게 힘
들어요. 판단이 안 서거든요. 브랜드가 내가 아니니까, 무슨
문제가 터졌을 때 감수성이 떨어져요. 이걸 어떻게 대응해
야 하지? 그런데 나 같은 브랜드면 바로 대응이 돼요. 나라
면 이렇게 할 테니까.

　그래서 처음부터 저 같은 브랜드를 만들겠다고 했어요.
진중하고, 남의 눈치 별로 안 보고, 내가 해야겠다 싶으면
쭉 밀고 나가는 사람. 컬러부터 다 그런 식으로 짰습니다.
그러다 보니 이 브랜드를 운영하는 게 되게 편해요. 그래서
초반에 적자를 그렇게 보는데도 즐거웠어요. 프랜차이즈를
할 때는 흑자가 나도 힘들었어요. 참 재미있는 일이죠.

어떻게 보면 대표님이 강조하는 건 일관성 같은 거네요? 네, 제
품도 그렇고 브랜딩도 그렇고요. 고객이 우리 브랜드를 인
지해야 하잖아요. 얘네는 어떤 브랜드라고. 그런데 말이 바
뀌는 브랜드가 있어요. 갑자기 프리미엄 했다가 럭셔리 했
다가 왔다 갔다 하는 애들이 있어요. 그럼 고객도 '얘 뭐
야?' 하고 생각하게 되죠. 사람으로 비유하자면 조울이 있

는 거예요. 왔다 갔다 하면 맞추기 어려운 사람 있잖아요.
그런데 브랜드를 일관되게 쭉 밀고 가면 '쟤는 원래 저래'
라고 생각해요. 그걸 유지하기 위해 브랜딩이든, 제품이든,
제가 컨펌하는 모든 걸 다 일관되게 가야 한다고 생각해요.
그런데 그 모습이 그냥 저 같은.

좋아하는 브랜드가 있나요? 많죠. 홍성태 교수님의 책《나음
보다 다름》에서 파타고니아와 프라이탁 얘기 나오잖아요.
전 상의는 무조건 파타고니아, 가방은 무조건 프라이탁, 이
걸 4~5년째 하고 있어요.

메시지가 있는 브랜드, 철학이 있는 브랜드를 좋아하시는구나.
좋아한다기보다, 정확하게 얘기하면 파타고니아가 나고 내
가 파타고니아라고 상대방에게 인식시켜서 파타고니아를
봤을 때 저를 기억하게끔, 혹은 프라이탁을 봤을 때 저를 기
억하게끔 세팅한 거예요. 컨셉으로 산 거죠. 실제로는 스타
벅스랑 애플을 가장 좋아해요. 그래서 브랜딩을 스타벅스처
럼 하고 싶은 욕구가 컸고 IT 쪽은 애플처럼 가고 싶은 욕구
가 많았어요. 그러니까 제품 표현은 스타벅스처럼 프리미
엄으로 하고, 애플처럼 가고 싶은 건 IT 느낌을 갖고 싶어서
였고요. 내가 좋아하는 브랜드가 내가 하는 일에 드러나요.

**달라진
소비자의
습관에
부응하려면**

온라인 사업을 하시는 입장에서 코로나19가 큰 변곡점이 되었을 텐데요. 코로나19가 소비패턴에 미친 영향은 무엇이 있을까요? 코로나 이후로 어르신들이 온라인에 대해 "어, 생각보다 쉽네?"라며 긍정적인 반응을 보이기 시작했어요. 기존에는 아무리 노력해도 바뀌지 않던 분들이 코로나19 때 다른 방법이 없으니 써보고는 생각보다 편하다는 거예요. 체질이 바뀌기 시작한 거죠. 제 생각에 지역 맛집들은 점점 더 강해지고 배달전문업체는 더 어려워질 거예요. 가령 유명하고 맛있는 집들이 예전에는 배달을 안 하다가 이제 시작했거든요. 그럼 배달만 전문으로 하는 식당들은 어려워질 수밖에요.

얼마 전에 사이트 개편하셨죠? 어떤 이유였는지 궁금합니다. 처음 집밥찬연구소를 만들었을 때는 모바일을 안 썼어요. 말도 안 되는 일이죠? 5년 전만 해도 PC 유입이 70~80%, 모바일이 20~30%이었어요. 그때는 PC 사이트를 먼저 만들고 그 기반으로 모바일을 만들었죠. 지금은 반대로 모바일을 먼저 만들고 그걸 기반으로 PC를 만들어요. 유입량도 이제는 PC가 20%도 안 되는 것 같아요. 헬로네이처, 오늘

회, 쿠캣 같은 곳들은 아예 PC 버전이 없어요. 그만큼 모바일이 대세예요. 이번에 개편한 첫 번째 이유예요.

두 번째 이유가 온·오프라인 통합이에요. 오프라인 매장을 준비 중인데, 예전 사이트로는 오프라인을 물릴 수가 없거든요. 오프라인을 통합할 수 없다는 거죠. 전 세계에서 누가 온·오프라인 통합을 가장 잘하나 봤더니 미국도 일본도 아닌 중국이었어요. 허마셴성, 루이싱커피 같은 곳들인데 UX가 거의 비슷해요. 중국은 집에 PC가 별로 없고 다 스마트폰으로 해요. 2년 후를 내다보고 그런 UX를 참고해서 저희 실정에 맞게 바꾸고 모바일에 심었습니다.

세 번째 이유는 UX 관점의 변화예요. 저희 사이트에 처음 들어온 사람과 재구매하려고 온 사람의 패턴이 달라요. 처음 온 사람은 이 회사가 어떤 회사인지 둘러봐요. 반면 재구매하는 사람은 그런 건 필요 없고 빨리 사서 나가면 돼요. 대부분의 사이트는 상품과 콘텐츠가 다 섞여 있어요. 그게 싫더라고요. 그 문제를 고민하다 콘텐츠 영역과 구매 영역을 분리했어요. 구매 영역에는 내용이 거의 없고 장바구니에 물건을 담아서 사기만 하면 돼요. 콘텐츠 영역은 사진이나 글 위주이고 구매와 관련된 것들이 없어요. 이제 영상연결이나 콘텐츠 다양화에 신경을 더 쓸 거고요.

정기배송도 있죠? 잘되나요? 지금 전체 매출의 20% 정도 되겠네요. 저희는 낮은 단계의 정기배송을 하고 있는데, 이번에 앱이 개편되면서 조금 더 고급화된 정기배송이 가능해졌어요. 그러면 매출이 더 올라가겠죠. 정기배송이 왜 어렵냐면, 먹다 보면 자기가 못 먹는 음식이 있거든요. 거기에서 막혀요. 음악 같으면 큰 상관이 없겠지만, 만약 오이를 안 먹는 사람에게 오이지가 배송되면 "난 안 먹는데" 하면서 취소하는 거죠. 무던한 사람들은 정기배송을 점점 선호하겠지만 알러지 있는 분들은 당연히 안 되고, 안 먹는 음식이 있는 분들도 정기배송이 불가능해요.

스페인 가서는 어떠셨어요? 좀 피곤하긴 했죠. 제가 생각보다 체력이 약하거든요. 그래도 간 이유는, 궁금했어요. 제가 프리미엄을 하잖아요. 저희 회사에 이런 문구가 적혀 있어요. 'Not a Luxury', 우리는 럭셔리가 아니라는 거죠. 직원들에게도 프리미엄과 럭셔리는 다른 거라고 얘기해요. 그런데 외식에서 럭셔리는 미슐랭이잖아요. 럭셔리는 어떻게 하는데? 그게 궁금했던 거죠. 왜냐하면 저는 프리미엄을 하지만 럭셔리의 꼭지들을 조금 따서 표현을 해줄 필요는 있거든요. 안 그러면 제 프리미엄을 남들이 다 따라올 테니까요. 그 꼭지들이 뭐가 있을까 궁금해서 갔어요.

외식업을 이제 막 시작한 사람에게 필요한 자질은 무엇인가요? 매력이 있어야겠죠. 사람이 매력 있으면 그 브랜드도 매력이 있고, 그 매장도 매력이 있어요. 이건 확실해요. 원래 하던 업장을 이어받는 거면 안 그래도 돼요. 본질만 잘 가꾸면 되니까요. 그게 아니라 처음 시작하는 사람이라면 매력이 있어야 해요. 가령 남성분에게 조언하는 거라면, 이성에게 인기가 많아야 한다는 뜻이에요. 농담 같지만 진짜예요. 내가 어떤 포지션을 취해야 저들이 날 좋아할지 알거든요. 상대방의 마음을 살 줄 안다는 거죠. 외식업도 똑같아요. 매장을 어떻게 했을 때 저 고객이 좋아할지 직감적으로 알아요. 서빙을 할 때에도 내가 무슨 말을 하고 어떤 서비스를 할 때 고객이 반응할지를 가르쳐주지 않아도 알아요. 김일도 사장 같은 사람이 딱 그래요. 저와는 정반대죠.

그런데 이것만 있으면 되느냐 하면 그건 아니에요. 이 기본이 돼 있으면 매장 하나를 성공시키는 데 굉장한 도움이 되지만, 여러 점포를 할 때는 비즈니스 구조가 머릿속에 들어가야 해요. 결코 손해 보지 않는 툴이 있어야 해요. 일도는 두 가지를 다 갖고 있는 거죠. 매력이 있고, 그걸 구조화하고.

대표님은 집밥찬연구소에서 어떤 매력을 판매한다고 생각하

시나요? 어려운 질문이네요. 굳이 꼽자면, '시간'이 아닐까 싶어요. 저희 모토가 '가장 맛있는 음식은 갓 만든 음식'이거든요. 이런 마음으로 매일 200개 이상의 반찬, 국, 찌개 등을 만들고, 오전 9시까지 주문하면 당일 제조해서 당일 받을 수 있도록 시스템을 구축했어요. 반찬업계에서 가장 빠른 속도입니다. 이를 통해 고객에게 시간을 선물하는 기업이 되고 싶어요. 저도 어느덧 결혼한 지 10년, 세 아이의 부모가 되었기에 가족의 끼니를 책임진다는 것이 얼마나 어려운 일인지 누구보다도 잘 이해해요. 하루 3시간이면 한 달에 90시간, 결혼하고 50년이 지나면 무려 6년 넘는 시간을 가족의 끼니를 챙기는 데 사용하는 거잖아요. 저희는 부모들이 식사준비 시간을 좀 더 행복한 일에 사용할 수 있도록 돕는 회사예요. 식재료 준비시간을 줄여주는 한식 쿠킹박스도 개발하고 있어요. 어린이용 쿠킹박스 '요리놀이터'도 준비하고 있고요. 다행히 고객들도 좋아해주십니다. 더 많은 고객들이 더 각별히 만족할 수 있도록 계속 노력해야죠.

온라인 식품사업을 향한
오해와 진실 5

외식업 10년차의 눈으로 식품 이커머스를 바라보았더니 수많은 착각을 하게 되었다. 착각으로 끝나면 큰일이 아니지만, 현실은 착각이 손해로 돌아오는 냉혹한 곳이다. 나같은 착각 때문에 손해 보지 않도록 온라인 식품사업에 대한 오해와 진실을 정리해보았다.

첫째, 지나가는 고객이 없다

고객은 우리 사이트가 있는지 알 방법이 없다. 눈을 끄는 인테리어(사이트 디자인)를 해도, 기가 막힌 아이템(상품)이 있어도, 좋은 입지(유통 플랫폼)에 들어가도 고객은 우리 존재를 모른다. 그래서 수많은 이커머스 회사가 온라인 마케팅에 상상도 못할 돈을 쏟아붓고 있는 것이 현실이다. 온라인에서는 식품처럼 저마진 제품의 경우 매출의 10%, 건강기능식품, 화장품 등 고마진 제품에는 최대 50%까지도 마케팅비를 사용한다. 더욱 충격적인 사실은 고객이 우리 사이트에 들어오는 것(유입)만 이 정도이고, 구매(구매전환, 매출)는 또 다른 문제라는 것이다.

둘째, 전국 1등과 경쟁한다

온라인은 오프라인보다 경쟁의 범위와 강도가 훨씬 넓고 높다. 그 이유는 '거리'의 제약이 없기 때문이다. 고객은 원하는 상품이 있으면 네이버, 구글, 인스타그램 등에서 검색하고 손쉽게 비교하여 구매할 수 있다. 그렇기에 온라인에 상품을 출시하면 그 순간 해당 카테고리 1등과 경쟁해야 한다. 게다가 고객은 사람들이 가장 많이 구매하는 상품을 선호하기 때문에 1등이 시장을 독식하는 경향이 두드러진다. 누가 이기겠는가?

셋째, 비대면으로 고객을 응대한다

최근 모 기업이 무성의한 CS 대응으로 존폐의 기로에 섰던 사건이 있었다. 고객을 직접 만나 대화했더라면 손쉽게 해결될 수도 있었을 텐데 비대면으로 응대하다 보니 사소한 오해가 누적돼 큰일로 번진 사례다.

이커머스는 특성상 비대면으로 고객을 만날 수밖에 없다. 그리고 고객의 불만이 해소되지 않으면 언제라도 카페 등의 커뮤니티를 통해 확산되고 재생산될 수 있다. '그럴 수도 있지. 사람이 하는 일인데' 하는 관점은 오프라인에서만 통용 가능할 뿐, 비대면인 온라인에서는 최악의 결과를 가져올 수도 있다.

넷째, 임대료 대신 배송비가 나간다

늘 임대료에 치여 살다가 온라인에 처음 진입했을 때 가장 좋았던 것은 매장 위치가 어디든 상관없다는 것이었다. 그러나 이커머스는 임대료를 줄인 것보다 훨씬 많은 배송비, 부자재비 등이 나간다는 것을 간과했다. 보통의 임대료(수수료 형태가 아닌 임대료)는 고정비 성격이 있기 때문에 매출이 올라가면 '매출 대비 임대료 비율'이 낮아지지만, 배송비는 변동비여서 매출이 커지는 만큼 배송비도 늘어난다. 특히 식품 이커머스를 운영하면 배송비 이외에도 아이스박스, 아이스팩, 드라이아이스, 완충제 등 부자재 비용이 매우 높기 때문에 임대료가 줄어든 것보다 훨씬 많은 비용을 지출하게 된다.

다섯째, 온라인은 비싸다

오프라인을 운영하는 사장님들은 온라인은 싸야 한다는 인식을 가지고 있다. 그런데 막상 이커머스를 해보니 온라인은 비용구조상 비쌀 수밖에 없다는 것을 알게 되었다. 고객이 매장에 와서 소비하는 오프라인보다, 고객에게 직접 보내주는 온라인이 비용구조가 좋지 않다는 것은 어찌 보면 당연하지 않은가? 그럼에도 온라인 비용구조가 좋다고 막연하게 생각한 것이다.

또한 온라인은 한 번 올려놓으면 알아서 팔리는 것처럼 보이지만, 그 안에는 수많은 업무가 존재한다. 그리고 그 일들은 모두 인건비로 반영돼 수익구조를 악화시킨다. 사진촬영, 스타일링, 상세디자인, 상품등록, 전표출력, 피킹, 패킹, CS 등 오프라인에서는 한 번 세팅하면 크게 중요하지 않은 일들이, 온라인에서는 매일매일 진행해야 하는 업무가 된다. 온라인 회사 사무실에 가보면 생각보다 많은 사람들이 일하는 것을 볼 수 있다. 나도 예전에는 '사람들을 왜 이렇게 많이 채용했지? 이문이 많이 남아서 그런가?' 했지만 이제는 그럴 수밖에 없는 온라인 업체 대표님들의 속 타는 마음에 공감이 간다.

"매장이 늘어난 지금의 과제는
회사의 브랜딩을 위해 일도씨라는 개인이
하나의 브랜드로 활동해야 한다는 겁니다.
백종원 대표도 결국 같은 숙제를 해결한 거죠.
'더본'의 모든 매장을 개별적으로
홍보할 수 없으니 대표가
나온 거잖아요."

[CHAPTER 3]

자부심을 판다

김일도 · 일도씨패밀리(주) 대표

일도씨닭갈비, 일도씨찜닭, 이스트빌리지 서울, 내일도두부 등 자신의 색깔을 살린 한식 브랜드를
차례차례 성공시켰고 현재 국내외 9개 브랜드, 20개 매장을 직접 운영 중이다.
친근한 음식에 컨셉을 입히면 특별한 외식이 된다는 믿음 아래 '일도씨만의 대중음식'이라는
자부심을 팔고 있다. 자신과 같은 길을 걸을 예비 창업자들을 위해 《사장의 마음》이라는 책을 썼다.

힘들거나 생각 정리가 필요할 때 책을 읽는다고 들었습니다. 최근 인상 깊게 읽은 책이 있으신가요? 책 읽는 걸 좋아해요. 최근에 읽은 책 중에 지금 떠오르는 건 《신칸센 버라이어티 쇼》라는 책인데, 도쿄에 기차가 잠시 멈췄을 때 7분 동안 청소부들이 들어가 청소하는 내용이에요. 그 책을 읽으면 청소부들의 자존감을 어떻게 끌어올렸는지 알 수 있어요. 사실 내용은 좋은데 누구나 할 수 있는 말이 아닐까, 반신반의하면서 읽었거든요. 그러고는 실제로 보고 싶어서 도쿄에 갔는데, 나이 드신 분들이 7분 동안 청소하는 모습을 직접 보니 정말 감동적이더라고요. 돌아와서 책을 다시 읽었는데 거짓 하나 없이 진짜였어요. 식당을 경영하는 입장에서도 공감 가는 부분이 많았죠.

책 외에 식당에 가서도 많이 배우죠? 특별히 눈여겨보는 포인트가 있나요? 식당에 가서는 외려 보지 않으려고 노력해요. 그건 직업병이잖아요. 고객의 눈으로 오롯이 느끼지 못하니 좋지 않더라고요. 언젠가부터 고객의 관점을 잃어버렸는데, 그러면 장사하기 좋은 것들만 눈에 들어와요. 그러고는 점점 남들과 비교하기 시작해요. 잘하는 사람들을 쫓아다니고 닮으려고만 하다 보면 어느 순간 내 중심을 잃어버려요.

그걸 깨닫고 업자의 관점을 버리려고 하고 있습니다. 설레는 마음으로 즐겁게 먹은 기억에만 초점을 맞춰요. 즐거움을 주는 건 맛일 수도 있고, 근무하는 직원들이나 사장님과의 관계일 수도 있겠죠. 여러 가지 요소가 하나로 합쳐져 기억을 만드는 건데, 그 기억만 안고 돌아오려고 노력합니다. 실제로 어떤 '인상'이 남았으면 그건 기록해두고요. 나중에 제 브랜드를 만들 때 도움이 되니까요. 가령 된장찌개를 만든다 치면 이제껏 내가 가장 맛있게 먹었던, 즐거웠던, 인상 깊었던 찌개를 떠올리는 식이죠. 요즘 누가 된장찌개 잘하는지를 검색하는 게 아니라, 내 기억으로 들어가서 답을 찾습니다.

생각의 서랍 같은 거네요. 네, 사진첩이나 메모장을 들여다보면서 '아, 내가 이런 이유로 이런 걸 좋아했구나' 하고 떠올리게 돼요.

기록을 꾸준히 하나요? 네, 용도에 따라 다양한 장치를 동원해요. 일단 휴대폰 메모장을 쓰고, 메모장 어플을 따로 쓰고, 업무용 어플도 따로 써요. 각각의 어플이 내 생각을 다르게 열어주거든요. 굳이 펜으로도 써요. 낙서하듯 적다 보면 자유연상기법처럼 제 생각이 자유롭게 펼쳐져요. 노트, 휴대폰, 아이패드, 노트북이 제 기록의 장치들이에요.

배우고 생각하는 걸 꾸준히 하시네요. 평소 여행을 자주 가시는데, 그중 영감을 많이 얻은 도시가 있다면요? 일본이에요. 일본은 트렌드가 앞서 있고 그 트렌드가 우리에게 영향을 미치는데, 반드시 그 이유만은 아니에요. 제가 보기에 일본은 굉장히 오랫동안 쥐어짜온 곳이에요. 무슨 말인가 하면 한국기업이 승부를 보기 어려울 만큼 일본은 가성비가 확실해요. 그건 쥐어짠 끝에 나온 가성비예요. 불황은 지속되는데 물가는 오르고 인건비는 높아진 상황, 즉 가성비의 절벽에서 궁지에 몰려 내놓은 그들의 묘수가 기막히다고 느꼈습니다.

이제 한국도 상황이 비슷해요. 물가는 가파르게 오르는데 음식가격은 과감하게 올리기 어렵잖아요. 이렇게 코너에 몰린 상황에서 과감하게 음식가격을 올려도 외면당하지 않을 가치를 만들어내는 방안이 필요한데, 일본에 가면 그

'가치'를 만들어내는 묘수들이 보여요. 브랜드 스토리나 기존에 느껴보지 못한 독특한 경험이나 서비스 말이죠. 그러한 답을 찾을 때 도쿄에 갑니다.

모든대비는 무너지기마련

이야기를 들어보면 일상이든, 여행이든, 책이든 대표님은 늘 학습한다는 느낌을 받습니다. 미래나 위기에 대비하기 위해서인가요? 저는 대비보다는 '대응'을 하는 쪽에 가까워요. 예컨대 최근의 가장 큰 위기라면 코로나19일 텐데요. 코로나 이전에도 메르스가 있었고 사스가 있었잖아요. 사스 때는 외식업을 하지 않았지만 당시 대응방식을 중국에서 목격했죠. 매번 위기는 다르게, 허를 찌르는 방식으로 와요. 제가 내린 결론은 대비하지 말아야 한다는 게 아니라, '모든 대비는 무너지기 마련'이라는 겁니다. 대비는 해야 하지만 결국 살아남는 이들은 그런 변수에 대응할 수 있는 체질을 만든 사람이더라고요.

코로나 때의 상황을 좀 더 구체적으로 듣고 싶어요. 처음은 좀 약하게 시작됐죠. 그런데 확진자가 한 명, 두 명 나오기 시작하면서 강남구가 터지면 송파구, 서초구까지 얼어붙는

식이 됐어요. 초기 확진자 한 명이 주는 여파가 그만큼 컸죠. 그래도 초반에 저희는 오히려 매출이 올랐어요. 메르스 때는 저희 매장이 다 침체기를 겪었는데 말이죠. 그래서 메르스 때의 경험이 약이 되었구나 하고 안도했어요. 브랜드 충성도도 있겠지만, 위험한 시기에는 자신이 안전하고 편안하게 느끼는 공간에 가잖아요. 사건이 터졌는데 굳이 새로운 공간에 가기보다는 믿을 만한 공간에 가고, 저희 매장들이 그런 동선에 포진해 있었죠. 그런데 대구에서 코로나가 확산되면서 다 무너졌습니다. 메르스 이후에 면역력을 갖췄다고 믿었는데 결국 무너진 거죠. 앞에서 말한 것처럼 결국 모든 대비는 무너지기 마련이고, 모든 위기는 다른 얼굴로 오니까요. 속절없이 당했어요.

그러고도 이 정도로 버텨낸 건 전략을 바꾼 덕분이에요. 메르스 전에는 특수상권을 노렸어요. 극장가나 가로수길, 쇼핑몰에 오픈하는 식이었죠. 그러다 메르스에 호되게 당하고 나서 오피스 위주로 상권을 꾸렸습니다. '아무리 위험해도 점심은 먹을 테니' 하는 마음으로요. 위기 때에는 사치품보다 필수품으로 소비가 기울 테니 꼭 먹어야 하는 한 끼로 저희 브랜드를 포지셔닝했죠.

이 대비 덕에 신천지에서 코로나가 터졌을 때도 버텼는데, 정작 예상 못한 변수는 '재택근무'였어요. 특히 일도씨닭갈비 신규매장을 낸 판교는 IT기업들 위주라서 한순간에 유령도시가 되어버렸어요. 또 다른 변수는 외국인들이 우리나라에 오지 못하는 것이었습니다. 광화문 서울파이낸스센터에도 저희 매장이 있는데, 출장 온 바이어들이 꼭 한 번은 들르는 곳이거든요. 딱 그만큼의 매출이 빠졌습니다. 이런 것들이 발목을 잡았어요. 제가 극복해야 할 숙제죠.

코로나 위기를 겪으면서 새로운 시도를 한 것은 없는지요? 노광준 대표는 배달을 안 하다가 시작했고 오히려 좋은 반전이 됐다고 했는데요. 일단 저희도 전 매장에서 배달을 시작했습니다. 사실 이전부터 어느 정도 준비해두어서 언제든 배달로 전환될 수 있다고 봤는데 그 사태가 터진 거죠. 배달이 전체 매출의 20%까지 차지한 적도 있어요. 코로나 위기에 숨 쉴 구멍을 만들어준 건 맞죠. 그런데 저희가 정작 코로나 덕(?)을 본 건 배달보다는 '관리'였어요. 두 가지를 꼽자면 식자재 및 공산품의 재고율 0%와 인원 최적화예요. 스태프 10명이 필요했던 매장이 3~4명으로도 돌아가더라고요. 매장을 보면 불필요하게 쌓여 있는 공산품도 많았고요. 그간 얼마나 재고나 인원관리에 취약했는지 파악하게 된 거죠. 코스트 최적화를 하게 된 계기입니다.

**평범한 매력을
판다는 자부심**

사실 코로나가 아니어도 외식산업은 변하고 있죠. 가령 1인 가구 증가라든지 배달로의 전환, 정기배송이나 취향의 변화 등, 그중에서도 최근 2~3년 동안 가장 크게 느낀 외식의 변화는 무엇인가요? 제가 가장 크게 느끼는 건 하나예요. 예전에는 '진짜 맛집', 그러니까 별미를 찾았다면 요즘에는 '평타' 정도의 맛집을 찾아요. 엄청 맛있기보다는 실패하지 않기를 원해요. 이제는 인스타그램에 나온 맛집들도 다 돌아봤잖아요. 유행하는 맛이 그렇게까지 큰 기쁨을 주지는 않는다는 걸 깨달은 사람들이 동네에 있는 괜찮은 맛집, 적당한 맛집을 찾기 시작했습니다. 동네의 숨은 고수들이 주목받기 시작한 것도 그런 이유예요. 제 생각에는 평범한 것에 매력을 느끼는 시대가 온 것 아닌가 싶어요. 제 성향이기도 하지만 호텔에서 나오는 정석적인 맛의 된장찌개보다는 동네 백반집에서 먹는 찌개, 할머니 손맛이 두드러지는 특이한 맛에 더 매력을 느끼는 거죠.

일도씨패밀리에는 이러한 변화가 기회로 작용할까요? 언뜻 보기에 일도씨패밀리가 '손맛을 자랑하는 할머니 음식' 느낌은

아니거든요. 프랜차이즈처럼 깔끔한 느낌에 가깝기도 하고요.

처음에는 프랜차이즈처럼 해야겠다고 생각한 것도 사실이에요. 일률적으로 통일되어 있고 뭔가 브랜드 느낌도 강하니까요. 그런데 어느 시점부터는 이게 마이너스 요소라고 느끼게 됐습니다. 저희가 단일 매장으로 움직이는 것도 유니크한 느낌을 주려는 의도예요. 이런 와중에 기회라면 저희 아이템이 닭갈비나 돈가스 등 쉽게 접근할 수 있고 누구나 자주 먹는 음식이라는 거예요. 어찌 보면 '평범한 메뉴'라는 애매한 위치일 수도 있으나 틈새에 포지셔닝한 거죠.

이 문제는 '한식'을 파는 이유와도 연결됩니다. 제가 한식을 택한 이유는 생존 때문이에요. 유행하는 아이템이 아니라 편하게 먹을 수 있다 보니 우선 손님 수가 달라요. 양식 먹는 횟수를 평균적으로 꼽아보면 한식보다 훨씬 적거든요. 양식은 그중에 진짜 잘하는 선수들이 있고, 단골집도 따로 있어요. 그런 판단에 자연스럽게 사람들이 많이 찾는 한식으로 간 거죠. 또 다른 이유는 제가 한식을 더 잘 알고 더 자주 먹고 더 좋아해서고요. 한식을 많이 먹어봤으니 맛있는 한식에 대한 원칙, 기준이 있을 수밖에요.

방금 하신 말씀에도 묻어나지만, 일도씨패밀리 브랜드는 '김일도'라는 개인에게 의존하는 느낌이 강합니다. 브랜딩에 유리할

수도 있지만 브랜드의 한계를 정할 수도 있지 않나요? 물론 그런 문제가 있지만 이렇게 선택한 데에는 이유가 있어요. 첫 매장을 할 때는 개인적 역량으로 어떻게든 잘되게 할 수 있었어요. 두 번째까지도 어찌어찌 가능했고요. 그런데 세 번째, 네 번째 매장부터는 개인의 힘만으로 잘되게 하기란 불가능하다는 걸 깨달았어요. 그때까지는 '일도씨는 뭘 해도 괜찮아'라는 브랜드 이미지를 심어주는 게 옳다고 판단했어요. 20개 매장으로 늘어난 지금의 과제는 회사의 브랜딩을 위해 일도씨라는 개인이 하나의 브랜드로 활동해야 한다는 겁니다. 백종원 대표도 결국 같은 숙제를 해결한 거죠. '더본'의 모든 매장을 개별적으로 홍보할 수는 없으니 대표가 나온 거잖아요. 저 역시 김일도라는 개인이 나와서 브랜드 인지도를 끌어올려야 한다고 생각해요. 이 전략은 장단점이 있겠지만, 단점보다는 장점에 집중해야겠다고 생각합니다.

그런 관점에서 일도씨라는 캐릭터의 매력은 뭐죠? '백종원' 하면 딱 떠오르는 이미지나 매력이 있듯이, 일도씨의 매력은 뭘까요? 저희 브랜드는 저를 굉장히 닮았어요. 저라는 캐릭터를 분석해보면 고집스럽고 강해요. 고집스럽다는 건 내가 좋아하는 건 무조건 해야 한다는 거고, 자기주장이 세다 보니 제가 옳다고 믿는 것들을 계속 우리 브랜드에 녹여요.

제가 생각하는 매력을 표현하면 '끌린다'가 가장 적합해 보여요. 별것 아닌데 이상하게 마음이 가는 거랄까요. 저희 식당에 온 손님들에게도 "여기 괜히 마음에 들어"처럼 논리적으로 설명 못할 감정을 느끼게끔 하는 게 가장 중요한 포인트라고 생각합니다.

실제로 저희 브랜드를 보면 어딘가 모자라요. 일도씨닭갈비를 보면 어딘가 불편해요. 닭갈비집 가면 으레 나오는 동치미도, 쟁반국수도 없는데 대신 코울슬로와 수프를 주니까 좋아하는 손님들은 엄청 좋아하죠. 그런 게 저희 브랜드의 매력이라고 봐요. 모든 사람과 잘 지낼 수는 없지만 맞는 사람과는 잘 지내는 것처럼, 저희 손님들도 저희 브랜드의 의외성을 좋아해준다고 믿어요. 물론 정말 중요한 부분에서는 모자라지 않고요. 닭갈비집은 닭갈비가 맛있어야 하잖아요. 맛있는 닭갈비가 기억에 남으면 부수적인 것들은 좀 달라도 된다고 생각하는 거죠.

그럼, 브랜딩이란 뭐라고 생각하세요? 브랜딩은 저를 계속 따라다니는 질문이기도 해요. 제가 밟아온 길을 자꾸 떠올리게 되거든요. 처음에는 "여기 브랜드예요?" 묻는 게 기분 좋았어요. 그런데 "이거 브랜드예요?"라는 질문이 차츰

"이건 어떤 브랜드예요?"라는 질문으로 바뀌었어요. 과제가 주어진 거죠. 제가 일도씨패밀리가 어떤 브랜드라고 자신 있게 답할 수 있었던 건 열두 번째 매장을 내면서부터예요. 그전까지는 말을 못했죠. 돌이켜보면 대중음식을 판다는 자격지심 비슷한 게 있었던 것 같아요. 곱창, 닭갈비, 찜닭이 엄청 멋있거나 엣지 있는 음식은 아니니까요. 그런데 언젠가부터 "특별하지 않아도 괜찮아. 우리는 평범한 음식을 잘 파는 브랜드야"라고 말할 수 있게 됐어요.

　제가 《사장의 마음》이라는 책을 썼는데 그 책 에필로그에 "모두 그 과정을 겪습니다"라는 말이 나와요. 모두 사장이 되어가는 과정을 겪죠. 브랜드도 마찬가지로 모두 과정을 거치더라고요. 지금 저에게 브랜딩이란 우리가 어떤 브랜드인지 자신 있게 답하는 것, 그 자체입니다. 언젠가부터 제가 자신 있게 말할 수 있게 된 건 자부심을 팔고 있다고 느꼈기 때문이에요. 제 자부심은 세상의 잣대인 '진짜 맛'이나 '멋진 인테리어'에서 나온 게 아니라, 친근한 대중음식을 내 방식대로 꾸준하게 팔아왔고 나름대로 잘하고 있다는 데서 비롯됩니다. 외식업에 정답이 없듯 어떤 브랜드가 되어야 한다는 정답도 없어요. 그냥 "저희는 이런 걸 잘하는 브랜드예요"라고 툭 내려놓고 말하는 것, 그 자체가 브랜딩이죠.

특별히 좋아하는 브랜드가 있나요? 자신을 설명해줄 수 있는 브랜드도 있을 테고요. (책상 위에 놓인 물병을 가리키며) 삼다수요. 삼다수가 에비앙이나 탄산수처럼 멋있는 건 아닌데 평균 이상이잖아요. 누구나 다 알고 있고. 에비앙이 멋있어 보이기도 하지만 그건 제 길이 아니라고 알고 있는 거죠.

마케팅에 대해서도 이야기를 좀 해볼게요. 외식업의 마케팅은 어떻게 이루어지나요? 외식업의 마케팅은 바이럴이 기본입니다. 그러다 보니 채널도 다양하지 않고, 시도해볼 수 있는 것들이 좀 적은 느낌이에요. 예를 들면 패션업계의 경우 패션쇼를 한다든지 그에 맞는 모델을 기용한다든지 브랜드를 보여줄 수 있는 콘텐츠가 다양하잖아요. 그런데 외식은 인스타그램 인플루언서, 유튜버, 맛집 파워블로거를 부른다든지 하는 식의 SNS 마케팅에 치중해 있어요. 마케팅은 입소문이 날 '꺼리'를 만드는 작업인데 바이럴에만 연연하다 보니 노출, 수치를 보게 되는 거죠. 외식업 마케팅도 콘텐츠를 만드는 데 집중해야지 너무 매체만 봐서는 안 된다고 생각해요. 사실 딜레마죠. 이렇게 말하는 저도 마케팅을 하면 먼저 온라인 마케팅부터 떠올려요. 그러다 보면 결국 인플루언서나 셀럽으로 이어져요. 그런데 곱창이나 닭갈비를 유명인이 먹는다고 해서 확 달라지는 것도 아니고, 그런 사람들이 엄청 자주 먹지도 않잖아요. 애초 우리 브랜드는 주류 마케팅을 하기 어려운가 고민하게 되죠.

그렇게 온라인만 바라보다가 다시 매장(오프라인)으로 돌아오면 내 생각이 틀렸다는 걸 깨닫게 돼요. 손님 한 명이 잘 먹고 가서 다른 손님을 데려오면 그게 바로 입소문이잖아요. 인플루언서들이 올리는 피드나 포스팅이 '좋아요'가 많이 나올지는 몰라도 꼭 전환율이 높은 건 아니니, 저희 매장을 찾아주는 손님들에게 집중하고 만족시키는 행위가 바로 핵심 마케팅인 거죠.

시장을 움직이는(market+ing) 게 마케팅이라는 전제 하에 생각해보면 첫 번째로 매체보다 입소문의 '꺼리'를 만드는 데 집중해야 하고, 두 번째로 손님에게 최선을 다한다는 본질을 놓치지 않는다, 이 두 가지를 가져가고 싶어요. 안정적이면서도 한 방이 터질 수 있는 기회, 둘 다요.

> **사장의 일이란, 상황에 맞는 마음가짐을 갖는 것**

여러 매장을 운영하면 입지선정이나 브랜딩 등 어려운 일이 많겠지만, 사실 가장 어려운 건 직원관리 아닐까 싶습니다. 맞습니다. 외식업의 특성상 일이 쉽지 않아요. 말하기 조심스럽지만 남들 쉬는 날도 일해야 하고, 육체적으로도 쉽지 않고, 명함 한 장으로 자기를 소개하기 유리한 직업은 아니니 채용에서는 아무래도 불리하죠. 진입장벽도 낮고요. 외식업은 인풋 대비 아웃풋이 드라마틱하게 일어나는 업종도 아니에요. IT나 게임업계처럼 한 방 크게 터져서 직원들에게 엄청난 인센티브를 줄 수 있는 것도 아니고, 일한 만큼 돌아오는 정직한 비즈니스잖아요. 이런 상황에서 직원들을 이끌고 조직을 운영해야 하는 게 특히 어렵습니다.

자원은 한정돼 있는데 금전적인 동기부여도 어렵다면 비전으로 직원들을 이끄는 방법도 있을 텐데요. 처음에는 직원들에게 대단한 성공을 보여주고자 했어요. 그런데 매장이 늘어나고 사람이 늘면서 자꾸 빚진 느낌이 들더라고요. "내가 너를 성공시켜줄게"라는 말이 자꾸 변명처럼 느껴졌달까요. 일을 하고 급여를 지불한 걸로 기브앤테이크는 사실 완료된 건데, 내 마음만큼 많이 주지 못해서 미안했던 것 같아요. 그리고 제가 직원들을 성공시키겠다고 했지만, 저희 회사가 커져봐야 임원 자리를 주는 정도 아닐까요? 함부로 누군가의 미래에 대해 큰소리치는 게 옳지 않다는 걸 그때 깨달았어요. 섣불리 비전을 제시하는 게 무책임할 수 있다는 걸 안 거죠.

또 달라진 게 있다면, 처음에는 저보다 어린 직원만 찾았어요. 창업할 때 제가 어리니까 나이 많은 '이모'나 '삼촌' 직원들에게 잘 못 시키겠더라고요. 이분들에게 어린 사장이 하는 비전이니 동기부여니 하는 말이 와 닿았겠어요? 그냥 장단만 맞춰주는 거죠. 반면 어린 관리자들에게는 성공하고 싶으면 나를 따라오라는 메시지가 먹혔어요. 그러다 보니 자꾸 어린 친구들을 데려오고 그들을 관리자로 앉혔어요. 관리하는 친구들이 20~30대 초반인 거예요. 저희 조직은 40~50대 이모님들이 주축인데 말이죠.

결국 탈이 났죠. 어린 관리자들은 관리자대로, 저는 저대로, 이모님들은 이모님들대로 각자의 입장에서 삐그덕대다 펑 터졌습니다. 조직이 와르르 무너졌어요. 그때 현실을 직시했던 것 같아요. 알고는 있었지만 비로소 눈으로 확인한 거죠, 우리는 조직인데 내가 잘못했다는 걸요. 하필 개인적으로 번아웃이 왔던 시기와 겹쳤어요. 비전으로 동기부여하는 데 한계가 있다는 걸 느꼈고, 그걸 말해버리니 열정 넘치던 어린 친구들은 그만두고, 저는 동력을 상실했죠.

그렇게 몇 개월을 방치한 채 보냈는데 의외로 회사가 잘 돌아가는 겁니다. 의아했죠. 조직이 무너져야 하는데 돌아가니까요. 다시 들여다보니 이모님들이 조직을 꾸역꾸역 끌고 가고 있더라고요. 그때 깨달았죠. 내가 편한 사람 위주로 직원을 앉힐 게 아니라 주목해야 할 직원이 따로 있다는 걸요. 예전에는 젊은 청년들의 조직이었다면 지금은 다양한 연령대가 어우러진 안정적이고 탄탄한 조직으로 가고 있어요.

사장은 어떤 일을 해야 하는 사람이라고 생각하세요? 사장은 계속 변화해야 하는 사람이라 생각해요. 책에서 읽을 때는 분명 조직을 탄탄하게 구축하고 인재를 적재적소에 앉히는 사람이라고 배웠는데, 막상 일을 해보니 사장은 빈자리를 메워야 하는 사람이었어요. 주방에서 음식도 빼야 하고 설거지도 해야 하고 서빙도 해야 하고 주문도 받아야 하고. 심지어 그걸 누구보다 잘해야 해요. 제가 잘해야 직원들의 수준도 올라가니까요. 처음에 저는 요리도 서빙도 못했는데, 제가 못하면 다른 친구들이 올라오지 않더라고요. 그게 사장으로서 처음에 겪어야 하는 과정 같아요.

그다음 단계에서는 불만 많은 집단을 다독이며 끌고 가는 커뮤니케이터 역할을 잘해야 합니다. 누구랑 누가 싸웠고 누가 힘들어서 나가고 싶다는 말이 나올 때마다 조율하고 잘해주는 역할이요. 외려 책에 나온 비전 제시보다 사람들을 다독이는 역할을 해야 했죠.

다른 면에서는 조직을 키울 때 지를 줄 아는 것도 사장의 일이에요. 사장이 일을 지르고 수습하는 과정에서 알게 모르게 조직이 크거든요. 매장을 늘릴 때 저는 십중팔구 늘리면 안 되는 상황에서 시작했어요. 그럼에도 돈키호테처럼 지르는 거죠. 플레이메이커, 플레잉코치, 감독, 구단주처럼 사장은 꾸준히 변해야 하는 사람인 것 같습니다.

사장의 마음을 한마디로 정의하면 뭘까요? 그때그때 다를 텐데, 속이 시커멓게 타들어가는 와중에도 꾸역꾸역 나아가는 거죠. 다만 앞서 말한 사장의 일에 빗대어 생각하면 상황에 따라 자기가 어떤 마음가짐을 가져야 할지 아는 게 사장의 마음 아닐까요? 어떤 때는 다독여주는 선배처럼, 어떤 때는 지르는 돈키호테처럼 다른 마음가짐을 가질 줄 알아야죠.

대표님의 하루 일과가 궁금합니다. 남들과 다른 루틴이 있나요? 직원들이 9시에 출근하니까 가급적 그전에 어떤 업무를 할당할지 생각해둡니다. 업무를 배분하고 점심쯤부터는 매장을 돌아보죠. 현장에 자주 가요.

장사를 시작하면서 늘 어려웠던 건 스스로 뭘 해야 할지 몰랐다는 거예요. 그래서 일단 바쁘게 지내려고 노력했어요. 괜히 미팅을 잡거나 일을 만들어서 바빠지면 스스로 멋지다고 생각했죠. 그런데 이것도 잠시뿐, 현장이 너무 바빠지면 허덕대더라고요. 또 내가 쓸데없는 일을 했구나 반성하고 일들을 걷어냈어요. 안 그래도 같은 일을 반복하는 걸 지겨워하는 성격이라, 매뉴얼화할 수 있는 일들은 정리해서 넘기고 저는 다시 일을 벌이곤 하죠. 이런 과정을 되풀이하면서 성장해왔다고 생각합니다. 처음에는 계속 할 일을 탐색하는 루틴 위주였다면, 지금은 시킬 것과 내가 직접 할 것을 구분하는 루틴대로 살고 있죠. 그 와중에 유효타가 나오면 좋은 거고요.

대표님이 생각하는 성공은 무엇인가요? 일의 관점에서 보자면, 처음에는 내가 하고 싶은 걸 마음대로 하려고 돈을 벌고 싶었어요. 개인적인 물욕이 아니라 내가 하고 싶은 매장이나 아이템이 있는데 자금이 부족하니 안타까웠죠. 예산에 맞추다 보니 늘 성에 안 차서, 그때는 물질적 성공이 중요했어요. 그런데 시간이 흐르면서 이것도 달라졌습니다. 좋은 브랜드는 돈을 많이 들여서 나오는 게 아니더라고요. 감각적인 친구들은 자금이 부족해도 잘해내요. 실제 엄청난 매출을 올리는 분들도 "쟤는 뭔가 자기 주관이 있어, 자기 철학이 있어" 하면서 잘하는 친구들을 부러워해요. 저도 부러운 것들이 많지만 무엇보다도 '가슴 뛰는 순간'을 잃어버리지 않는 게 부러워요. 그게 성공이라고 생각하죠. 제게 이것저것 물어보려고 찾아오는 젊은 친구들이 많거든요. 그런 친구들에게 제가 했던 시행착오와 결정하는 힘을 이야기할 때 희열을 느껴요. 제 실패를 계기로 손해 보지 않고 제대로 잘해냈으면 좋겠다는 마음으로 대하죠.

외식업을 잘하는 데 필요한 자질을 하나만 꼽는다면? 앞뒤 안 재고 저지르는 힘이 필요해요. 수치상으로 따지면 저지르는 건 잘못이에요. 저지르면 무조건 실패할 확률이 높으니까요. 하지만 거꾸로 말하면 저질러야 뭔가 이루어지잖아요. 여기서 저지른다는 건 과감하게 매장을 오픈하는 게 아니라 메뉴나 가게 도면을 바꿔보는 등의 시도예요. 뭘 해보라고 할 때 무조건 해보는 친구들이 잘돼요. 자꾸 재고 따지고 생각하는 친구들은 뒷걸음치다 좋은 시기를 놓치는 경우가 많습니다.

친근한 음식을
특별한 브랜드로 만드는 법

'컨셉'을 입히면 특별한 외식이 된다

일도씨패밀리는 일도씨곱창, 일도씨닭갈비, 일도씨찜닭, 일도씨뚝불, 일도불백, 내일도두부, 동촌 보리밥과 돈까스, 이스트빌리지 서울, 더일도씨까지 총 9개 브랜드, 20개의 직영매장을 운영하고 있다. 이 브랜드들의 공통점은 하나같이 흔히 접할 수 있는 대중적 음식에 '컨셉'을 입혔다는 것이다. 이제 음식은 우리의 라이프스타일과 떼어놓을 수 없는, 아니 사람들이 즐기는 라이프 자체가 된 지 오래다. 따라서 맛과 차별점을 고객에게 어필할 수 있는 컨셉으로 제안해야 하고 그것이 승부처가 될 것이다. 이러한 관점에서 일도씨패밀리 브랜드에 어떠한 컨셉을 입혔는지 요약해보았다.

곱창 아티스트, 일도씨곱창 : "신사동 가로수길 뒷골목에 작은 곱창집이 있는데 곱창 하나는 진짜 예술이야"라는 말이 손님들 사이에 회자되길 바라며 만들었다. '곱창 아티스트'라는 컨셉에 걸맞게 작은 가게에서 단골손님들과 소통하며 돈독한 관계를 맺는 곳으로 포지셔닝돼 있다.

닭갈비 레스토랑, 일도씨닭갈비 : 초신선 닭고기와 멸균처리하지 않은 숙성양념으로 이루어진 닭갈비가 특장점이지만, 이를 내세우기보다는 닭갈비와 다소 거리가 멀어 보이는 캐주얼 레스토랑을 컨셉으로 잡았다. 때로는 기존의 것을 살짝 비틀기만 해도 컨셉이 된다. 야채나 쌈장, 김치 대신 데일리 수프를 제공하고 피클과 코울슬로를 곁들임찬으로 내는 디테일로 레스토랑 컨셉을 완성했다.

프렌치 가정식과 한식의 조화, 일도씨찜닭 : 찜닭은 프랜차이즈를 통해 알려져서인지 음식의 퀄리티나 정성에 비해 손님들에게 높은 평가를 받지 못하는 아쉬움이 있었다. 여기에 양식의 재미를 입히면 색깔 있는 요리가 될 거라 생각해 꼬꼬뱅을 모티프로 '프렌치 가정식'을 메인 메뉴의 컨셉으로 잡았다. 와인 대신 간장에 끓인 찜닭에 프렌치 옷을 입히고, 파스타와 샐러드 등으로 뒷받침했다.

제대로 만든 뚝배기불고기, 일도씨뚝불 : 한국인에게 가장 친숙한 먹거리 중 하나인 뚝불을 좀 더 건강하고 좋은 식재료로 풀어보자는 의도로 만든 브랜드다. 매장 입구에는 '약방' 가구를 두어 제대로 만든 뚝배기불고기를 시각화했다. 음식을 담아내는 그릇부터 인테리어까지 하나하나 일관성을 갖추어 성의 있게 차려냈다는 느낌을 주려 했다.

시장의 정취를 담아낸 맛집, 일도불백과 내일도두부 : '불백 외길 인생'이라는 카피를 내세운 일도불백과 즉석두부를 만들어내는 '내일도두부'는 마천시장에서 재래시장 활성화 프로젝트의 일환으로 기획한 브랜드다. 둘 다 시장에서 흔히 볼 수 있는 먹거리다. 어릴 적 시장에서 뛰어놀던 기억을 토대로 시장에 가야만 접할 수 있는 정취가 느껴지는 브랜드를 만들고 싶었다. 일도불백의 분위기나 차림새는 최근 유행하는 레트로 열풍과도 자연스럽게 맞닿아 있으며, 모두부판을 형상화한 내일도두부 역시 세계적인 디자인 어워드인 iF디자인 어워드를 수상할 만큼 시장의 정취를 눈으로 보여주는 데 성공했다.

촌스러움의 재발견과 재해석, 동촌 보리밥과 돈까스, 이스트 빌리지 서울 : 동촌 보리밥과 돈까스는 민속주점 같은 예스러운 분위기의 식당으로 주력 메뉴는 옛날돈가스와 보리밥이다. 다소 촌스러워 보일지 몰라도 손님들의 평판은 좋았다. 그래서 대형 몰에 입점할 때 이 촌스러움을 모티프로 삼고, 브랜드명 역시 동촌을 영어로 바꾼 '이스트빌리지 서울'이라 지었다. 컨셉은 반드시 새롭지 않아도 좋다. 우리 브랜드가 지닌 가치를 어떻게 해석하느냐에 따라 같은 내용도 얼마든지 차별화된 메시지로 바꿀 수 있다. 이스트빌리지 서울은 촌스러움을 재해석해 한식을 판다는 자부심을 입힌 대표적인 브랜드다.

나만의 컨셉으로 나만의 브랜드를 만들어가는 과정

오늘 내가 먹은 음식은 내가 어떤 사람인지를 보여준다. 굳이 연출해서 보여주지 않아도 SNS 혹은 사람들과 나누는 대화에서 자연스럽게 드러난다. 마찬가지로 브랜드에는 만든 사람의 취향과 개성이 느껴지기 마련이고, 그렇게 해야 한다. 이제 맛은 모든 음식의 기본이 된 만큼, 손님이 주인의 의도에 끌리지 않으면 매력 있는 브랜드가 되기 어렵다. 어떻게 해야 나만의 브랜드를 만들 수 있을까?

첫째, 자신이 무엇을 좋아하는지를 먼저 알아야 한다. 즐겨 먹는 이유를 명확히 파악할수록 나만의 브랜드에 더 가까워진다. 가령 닭갈비를 좋아하고 즐겨 먹는다면 메뉴의 가성비가 좋아서인지, 어지간하면 실패하지 않는 맛이어서인지, 굳이 멀리 가지 않고 쉽게 접할 수 있는 메뉴이기 때문인지, 저마다 이유가 다양할 것이다. 그중 내가 생각하는 이유를 적어보자.

둘째, 내가 좋아하는 맛의 기준을 세운다. 닭갈비의 양념이 진해야 좋은지 담백해야 좋은지, 닭고기는 야들야들한 느낌이 좋은지 육질이 탄탄한 게 좋은지, 볶은 정도는 어떠한지, 그 기준이 디테일할수록 더 좋은 음식이 나온다.

셋째, 손님의 입장에서 당신이 좋아하는 메뉴의 '결핍'을 찾아본다. 닭갈비를 좋아하는데 너무 허름하거나 술집 같은 느낌이 나서 싫다면, 모던하거나 캐주얼한 레스토랑 분위기를 떠올려본다. 단, 결핍을 개선하는 데에만 치중하다가는 자칫 이도저도 아닌 브랜드가 될 수 있으니 결핍의 대안이 브랜드 컨셉이 될 수 있는지 점검한다.

넷째, 그런 스토리와 과정을 글로 써본다. 형식은 어느 것이든 무방하다. 일기여도 좋고 아무말대잔치처럼 풀어봐도 된다. 그것이 곧 브랜드 스토리로 이어질 것이며 그 안에서 카피도, 디자인과 로고의 방향성, 디테일도 하나하나 찾아갈 수 있다. 그와 어울리는 디자이너와 마케터를 섭외하는 것도 브랜드를 만들어가는 데 간과할 수 없는 포인트다.

"모바일 이커머스는 PC 기반의 이커머스와 전혀 달라요.
내가 좋아할 만한 제품들이 SNS나 배너광고를 통해
자연스럽게 저에게 다가옵니다. 아직은 자극적인 광고를 보고
호기심에 사보기도 하지만 과대광고와 낮은 품질,
높은 가격에 속았던 소비자들은 더 영리해지고
신중해질 거란 말이죠.
그렇다면 다시 제조기반의
유통업자들이 경쟁력 있지
않을까요?"

[CHAPTER 4]

로망을 판다

고재현 · (주)옳은 대표

대학교 때 30만 원으로 창업해 '간지나라', '스타일보이', '두언니' 등 16년 동안
의류쇼핑몰을 운영하며 이커머스의 성공경험을 쌓았다. 이를 바탕으로
현재는 샐러드와 다이어트 도시락을 직접 제조, 유통하는 '슬림쿡'과 제사음식과 고사음식을
당일배송하는 '바른제사' 등 7개 온라인 몰을 운영 중이다.

장사를 일찍 시작하셨네요? 그렇죠. 스무 살 때부터 했어요.

특별한 계기가 있었나요? 스무 살 때는 보통 대학 다니잖아요. 그런데 저는 공부에 흥미가 없어서 학교 가기가 싫었어요. 부모님이 꼭 가라고 하셔서 대학 진학을 하긴 했는데, 갑자기 집에 빨간딱지(경매)가 붙을 정도로 사정이 어려워졌어요. 부모님께 용돈 받을 상황이 아니어서 아르바이트라도 해야겠구나 생각했죠. 그런데 아르바이트 구하기도 쉽지 않더라고요. 그러던 중 대학교 때 알게 된 친구가 인터넷 중고나라에 이미테이션 가방을 팔고 있는 거예요. 그래서 대학을 다니면서 친구와 함께 이미테이션 장사를 하게 됐어요. 지금 생각해보면 부끄러운 과거인데 이제 갓 고등학교를 졸업하고 겁도 없고 법에 대해 무지했기에 가능했던 것 같아요.

　그때가 2002년이었으니 택배도 지금처럼 잘돼 있지 않았고, 디지털카메라나 포토샵도 대부분 몰랐어요. 같이 동업했던 친구가 사진이나 포토샵에 관심이 많아서 기술적인 면에서 아무래도 경쟁력이 있었죠. 저에게는 지금도 소중한 친구이자 스승 같은 존재예요. 생각보다 많은 수입이 생겨서 집에 돈도 가져다 드리고 학교생활도 열심히 할 수 있었어요.

가방이나 옷을 원래 좋아했나요? 물건 떼다 하는 장사여도 잘 팔리려면 관심이 있어야 유리할 텐데요. 보통이었던 것 같아요. 누나들이 있다 보니 많이 알려주는 정도? 그래도 옷은 센스 있게 잘 입는 편이었죠.

사업은 잘됐나요? 그때 매출이 정확히 기억은 안 나는데 하루 100만 원은 넘게 팔았던 것 같아요. 학생 신분으로 굉장히 큰돈이었죠. 당시엔 어른들도 그만큼 못 벌었는데, 이게 진짜 답이구나 싶었어요. 그래서 본격적으로 사업(?)을 확장했죠. 매출도 꽤 늘고 품목도 더 늘리며 나름대로 열심히 사세확장을 하던 중 단속에 걸렸어요. 그때까지 법적으로 문제가 있는지도 몰랐던 거예요. 몰랐다기보다는 번화가에 가면 길거리에 다들 버젓이 팔고 있었으니 법적인 문제를 생각하지 않았던 거 같아요. 단속에 걸려 물건을 압수당하고 벌금내고 문을 닫게 됐죠.

그 뒤에 본격적으로 쇼핑몰을 열었다고요. 네, 그 후로 친구와 합법적인 일, 요즘 많이 나오는 얘기인 '지속가능한 일'을 해보자고 의기투합해서 보세의류 쇼핑몰을 기획했죠. 사이트를 구축하고, 사입하고, 사진 찍고, 제품 올리고, 한 달 정도 밤새워가며 친구와 둘이서 오픈 준비를 했어요. 지금 생각해보니 스타트업이었네요. 그렇게 만들어진 사이트가 '간지나라'였어요. 당시엔 일한다기보다는 친구랑 논다는 기분이었고, 집에 빚이 있으니 갚아야겠다는 생각에 일에만 집중해서 즐겁게 했던 것 같아요.

그러다 친구와 따로 일하게 돼서 친구는 간지나라, 저는 '스타일보이'라는 남자옷 전문 사이트를 운영했어요. 남자들은 패션에 별로 관심 없다고 생각하기 쉽잖아요. 그런데 간지나라를 하면서 보니 고객의 70%가 남자더라고요. 당시에 '스타일데이'로 할지 '스타일보이'로 할지 고민을 많이 했는데, 남성의류 전문 몰을 만들어보자는 생각에 '스타일보이'로 사이트명을 정했어요.

제 생각엔 우리나라에서는 남자옷만 전문적으로 파는 사이트는 스타일보이가 최초 아닐까 싶어요. 오픈 후 3~4년쯤 지났을 때는 랭키닷컴 기준 남자옷 부문 1위까지 했죠. 자랑 같아서 창피하네요. 스타일보이를 운영하면서 여성의류 쇼핑몰 두 곳을 더 오픈했어요. '핀업걸' 그리고 '두

언니'인데, 두언니는 준비를 꽤 탄탄하게 해서 오픈 때부터 경쟁업체들이 벤치마킹을 많이 했어요. 여성의류 카테고리에서 짧은 시간에 상위권으로 올라갔어요.

의류사업은 어떤 점이 가장 힘든가요? 일단 일이 너무 많아요. 하루 종일 쉬지 않고 일해도 항상 일이 밀려 있었죠. 쇼핑몰은 옷을 사입하는 것부터 모델 섭외, 제품 촬영, 재고 관리, 고객응대, 마케팅, 세금까지… 이 모든 게 집약돼 있어요. 많은 일들을 멀티로 해내야 하기 때문에 힘든 거 같아요. 저는 직접 옷 제작도 했으니 말 그대로 제조부터 끝까지 다 한 거죠.

경쟁이 심해지고 매출규모가 커지면서 사진촬영도 전문인력이 들어가야 하고 웹디자인도 마케팅도 다 전문인력이 들어가야 했어요. 좋은 카메라에 좋은 조명, 크고 넓은 스튜디오도 있어야 하고요. 그리고 힘들었던 것 중 하나는 모델이었어요. 피팅모델에 의해 매출이 좌지우지되거든요. 모델이 다른 사이트로 옮기거나 직접 쇼핑몰을 오픈하면 매출에 영향이 있어요. 가격에 예민한 20대를 타깃으로 판매하다 보니 가격경쟁도 너무 치열했죠.

이렇게 수없이 많은 어려움이 있어서 그런지 의류쇼핑몰에서 어느 정도 위치에 올라간 대표님들은 어떤 사업을 해도 성공하더라고요.

그렇다면 의류사업의 매력은 어떤 건가요? 그냥 되게 재미있어요. 가장 빠른 트렌드를 받아들이고, 사진 찍으려고 예쁜 곳을 찾아다니고, 그러느라 잡지를 보면서 공부하고, 가장 앞선 문화를 경험하는 게 재미있었어요. 다시 하라고 하면 못하겠지만 너무 재미있게 일했어요. 옷을 만지고 입는 걸 좋아하는 사람들이 모여서 일하는 거잖아요. 다들 20대 초중반으로 젊고 열정이 넘쳤어요.

재미있는 일을 그만둔 이유는 뭔가요? 여러 가지 이유가 있는데, 저희도 모델이 바뀌면서 매출에 영향이 있었고, 제 군입대 문제도 있었어요. 의류쇼핑몰은 오너가 얼마나 집중하느냐에 따라 성패가 갈리는데, 군생활로 정상적인 운영이 힘들어졌어요.

　가장 큰 이유는 무엇보다 목표가 없어졌기 때문인 것 같아요. 스타일보이가 정점을 찍고 내려왔고, 부모님 빚도 다 갚았고요. 집도 생기고 차도 생기고 금전적인 여유가 생기니 놀고 싶은 생각도 들고, 그래서 목표를 잃었어요. 성장 동력을 잃은 느낌이었달까요?

의류쇼핑몰을 접은 다음에 시작한 일이 슬림쿡인가요? 네, 의류사업을 아예 접은 건 아니고, 어느 정도 회사가 돌아갈 정도로 유지하면서 다음 비즈니스를 구상하고 있었어요. 그러던 중 우연히 기회가 왔어요. 다이어트 도시락 업체에서 일하던 지인이 있었는데, 저더러 이 사업을 해보라는 거예요. 본인은 직원으로 와서 일하고 싶다고. 그렇게 시작했죠. 2014년 일이에요.

그때만 해도 다이어트 도시락이라는 개념도 딱히 없었고 시장도 크지 않았어요. 먹는 음식을 택배로 받는다는 발상 자체가 흔치 않았던 터라 시장이 지금처럼 커질 거라고는 전혀 생각하지 못했죠. 게다가 고객의 대부분이 서울, 경기 지역인데 저희는 광주광역시에 있으니 제품을 만들어서 매일 물류차로 서울에 보내야 하는 새벽배송 형태라 더 힘들었죠.

선택의 기로에 있었어요. 이대로 지방에 있으면 경쟁에서 살아남을 수 없을 것 같았고, 무작정 회사를 이전하기엔 다이어트 도시락이라는 아이템에 확신이 없었어요. 당시엔 마켓컬리의 샛별배송도 쿠팡의 로켓프레시도 없던 시기였거든요. 아마도 새벽배송 방식은 마켓컬리보다 2년은 더 빨랐던 것 같아요. 저희 이전엔 우유배달이 새벽배송의 원조였죠.

많은 고민 끝에 서울로 공장을 이전하는 방향으로 결정했습니다. 작은 시장이지만 몇 년 전에도 다이어트 도시락이라는 아이템은 존재했었고, 시간이 지나도 시장이 없어지지는 않을 것 같다고 판단한 거죠.

처음부터 사업이 순항했던 건 아니었네요. 처음엔 힘든 일이 많았어요. 식품제조업 경험도 전무한 데다 음식이라는 게 되게 예민하잖아요. 노하우를 쌓아가는 데 시간이 걸렸죠. 어느 정도 안정화된 후부터 회사 규모가 커지기 시작했어요. 그 과정에서 제조에 대해 공부하고, 일하는 방식을 개선하는 데 많은 노력을 했어요. 그러다 보니 더 적은 인력으로 더 많은 양을 생산하게 됐고, 이익률이 좋아지면서 마케팅 등에 더 공격적으로 투자할 수 있었습니다. 그러면서 이 작은 시장에서 점유율이 올라가기 시작했죠. 정확한 수치는 아니지만 다이어트 도시락 시장의 30% 정도는 슬림쿡이 갖고 있고, 40%는 풀무원이 가지고 있었고요. 나머지 30%를 작은 업체들이 나눠 가졌는데 워낙 시장이 작다 보니 매출이 적은 업체들은 점점 도태되고 결국 저희랑 풀무원만 남게 됐어요.

어느 정도 자리를 잡아가던 중 주춤한 시기가 한 번 있었어요. 칼로리와 식사량을 제한해 식단관리를 도와주는 개념을 전달하기 쉽게 '다이어트 도시락'이라고 표현했는데, 일반식품에는 다이어트라는 단어를 쓸 수 없다는 거예요. 물론 다이어트라는 단어를 안 써도 상관없어요. 대체할 수 있는 단어들은 얼마든지 있으니까. 그런데 문제는 네이버에서 '다이어트 도시락'을 검색하는 소비자들에게 저희 제품을 노출시킬 수 없다는 거죠. 검색광고를 못하는 거예요. 매출이 급격히 떨어졌고 회사가 존폐의 기로에 있었죠. 그러다 돌파구를 찾은 게 샐러드예요. 기존 시설을 그대로 활용할 수 있었고, 과대광고 이슈에도 자유로웠죠. 샐러드 판매를 시작한 후 한 달도 되지 않아 스마트스토어 1등을 했던 것 같아요. 난관이 있더라도 얼마나 빠르게 대처하느냐가 회사를 운영하는 데 정말 중요한 요소인 것 같습니다.

옷이라는 전혀 다른 영역에서 식품으로 넘어온 덕에 더 잘 보이는 것도 있었나요? 이커머스에서 의류쇼핑몰은 굉장히 치열한 시장이에요. 그 레드오션에서 살아남기 위해 발버둥치며 일하다가 다른 사업을 해보면, 제가 알고 있는 지식 선에서는 다 블루오션 같았어요. 제가 슬림쿡을 시작할 당시 온라인 식품시장은 의류쇼핑몰로 치면 2002년 수준이었어요. 저는 그 단계를 이미 겪어봤으니 더 빠르게 올라왔던 것 같아요. 강자도 없었고요. 지금은 마켓컬리나 오아시스마켓 같은 신흥강자들도 있고 모바일 이커머스가 빠른 속도로 발전하면서 젊은 실력자들이 많이 생겼는데 그때만해도 전혀 없었죠.

거기서 쌓았던 내공이 도움이 됐던 거네요. 그렇다고 볼 수 있죠. 그럼에도 조금 아쉬움이 남는 건, 모바일로 소비패턴이변하면서 이커머스 시장규모가 10배 이상 커졌어요. 내가가진 가장 큰 무기가 10년 넘게 쌓아온 이커머스 경험인데,온전히 유통에만 집중했으면 지금쯤 어땠을까 하는 생각이많이 들어요. 아마도 매출규모 면에서는 더 성장해 있지 않았을까요. 슬림쿡은 유통과 식품제조라는 두 마리 토끼를잡아야 해서 저에게 부족한 제조에 신경을 많이 써야 했으니까요.

PC와 모바일 시대를 모두 겪어본 사람으로서 앞으로의 이커머스 방향을 어떻게 생각하세요? PC 기반의 이커머스는 내가 제품이 필요해서 검색을 하고 품질과 가격을 합리적으로 비교해 구매해요. 품질과 가격경쟁력이 높은 제조기반의 유통업체들이 유리했죠. 그런데 모바일 이커머스는 전혀 달라요. 내가 좋아할 만한 제품들이 내게 찾아와요. 평소 관심 있는 제품이 SNS나 배너광고를 통해 자연스럽게 저에게 다가옵니다. 아직은 자극적인 광고를 보고 호기심에 사보기도 하지만 과대광고와 낮은 품질, 높은 가격에 속았던 소비자들은 더 영리해지고 신중해질 거란 말이죠. 그렇다면 다시 제조기반의 유통업자들이 경쟁력 있지 않을까요? 이건 개인적인 생각인데, 제가 2014년에 경험한 모바일 기반의 이커머스 시장은 예전 2002년의 PC 기반 이커머스와 정말 비슷해요. 그때와는 시장규모가 다르고 소비자들의 생각도 변했고, 제품을 구매하는 게 아닌 가치를 구매하는 등 구매패턴은 다양해졌지만 '좋은 물건을 싸게 산다'는 본질은 그대로거든요.

예를 들어 저희는 샐러드를 직접 제조하기 때문에 설령 샐러드를 납품받아 유통하는 경쟁업체가 생겨도 크게 경계하지 않을 거 같아요. 직접 제조하지 않고 납품받아 파는 사람과 저희는 시작점 자체가 다른 거죠. 덕분에 이 시장의 진입장벽도 높아지고요. 제조와 유통이 하나가 되는 게 결국 미래의 경쟁력이라고 생각하고 있어요. 유통이 고객접점에서 가장 파워 있을 것 같지만, 유통의 경쟁력을 높이기 위해서는 제조 또한 중요하다고 생각해요.

마케팅 이야기를 해볼까요. 다이어트 음식을 검색어 순위에 올리지 못한다면, 지금 가장 효과를 보는 온라인 광고 툴은 무엇인가요? 예전엔 검색광고가 큰 비중을 차지했다면, 지금은 페이스북 등 SNS 광고 비중이 높아졌어요. 자세히 설명하기엔 너무 길고 복잡한데 단순하게 ROAS(return on ad spen, 광고비 대비 매출액)만 생각하고 광고해도 실패는 없을 거예요. ROAS를 충족하려면 상세페이지, 광고소재, 타깃 설정 등을 바꿔가며 광고 효율을 맞춰나가야 해요. 광고에 대해 얘기하면 책 한 권으로도 부족할 거 같아요.

요즘은 예상한 채널에서 터지나요? 광고의 유행은 계속 바뀌어요. 새로운 채널이 나올 때 남들보다 먼저 진입하는 게 중요하죠. 광고비 예산은 정해져 있기 때문에 다양한 채널에 균형 있게 진행했을 때 시너지 효과가 나요. 예를 들어 네이버에 검색해서 보면 페이스북에도 뜨고 인스타그램에도 저희 사이트가 떠요. 그게 다 연결돼 있어서 어떤 한 가지 광고만 중요한 게 아니라 모든 광고를 다 신경 써야 해요. 제가 이커머스를 시작한 지 18년 정도 됐는데, 지금 창업한 사람도 있잖아요. 그들보다 제가 먼저 겪어봐서 아는 것도 있고 장점도 많겠지만, 경험에서 우러나온 '이건 안 돼'라는 선입견도 정말 많아요. 예를 들어 제가 사업을 시작할 무렵에는 다음 카페나 네이버 카페나 싸이월드 클럽 같은 커뮤니티가 유행했어요. 저도 그때는 수만 명의 회원을 둔 커뮤니티를 가지고 있었는데 결국 헐값에 매각하거나 그냥 문을 닫았어요. 그래서 한때 페이스북 페이지 만드는 친구들을 보면서 '왜 쓸데없이 페이지를 만들지?' 생각했거든요. 그런데 '오늘 뭐 먹지?' 같은 페이지는 엄청나게 큰 회사가 됐잖아요. 제 경험이 오히려 독이 된 거죠.

> **로망을 파는 일이야말로 본질이 중요**

슬림쿡 하면 '걸그룹 컴백 식단'이란 카피가 생각납니다. 슬림쿡을 찾는 고객들의 로망을 자극하는 카피예요. 다이어트 도시락으로 시작해서 지금은 샐러드도 주력으로 하시죠?

네, 지금은 샐러드의 진입장벽을 높이는 작업을 하고 있어요. 샐러드는 누구든 집에서 만들어서 팔 수 있잖아요. 진입장벽이 되게 낮아요. 그래서 품질을 높이면서 가격은 낮추는 전략으로 진입장벽을 높여가고 있어요. 공부도 많이 하고 있고요. 옷을 팔 때는 품질이 최우선 이슈는 아니었어요. 브랜드 옷을 사는 게 아니니 고객들도 유행 따라 가볍게 구매하거든요. 저희가 파는 옷들이 다른 데서도 똑같이 팔고 있기 때문에 품질에 대한 차별화나 소중함보다는 스타일이나 디자인을 우선시했죠.

하지만 식품은 전혀 달라요. 가격이 싼 음식을 먹기도 하지만 싸다고 질이 떨어지는 음식을 먹고 싶어 하진 않거든요. 제품이 정말 중요하다는 생각을 점점 많이 합니다. 본질이 가장 중요하다고 말하잖아요. 예전에는 그런 얘기에 공감을 못했는데 이 업을 하다 보니 본질이 정말 중요하다는 걸 느껴요. 그래서 품질은 말도 안 되게 높이고 가격은 낮춰서 진입장벽을 올려야겠다고 생각하며 일하고 있습니다.

더 맛있고 싸고 좋은 제품을 팔기 위해 메뉴 개발 등 구체적으로 어떤 노력을 하시는지 궁금합니다. 배송 샐러드는 제약이 많아요. 제조 후 소비자가 먹기까지 짧게는 반나절에서 길게는 2~3일 정도 걸리기 때문에 변질이 덜 되는 재료를 사용해야 하고, 배송과정 중에 용기가 파손되거나 음식물이 흔들리는 걸 최소화하려면 포장도 제약이 있어요. 그런 문제들을 해결하려고 고민하고 있습니다. 이번에 공장을 인천으로 이전했는데 생산량을 높일 수 있도록 자동화될 부분이 있는지도 계속 생각해요. 외부에서 돈을 끌어오는 게 아니라 저희가 벌어서 직접 설비투자하느라 빠르게 성장하지는 못해도 한 단계 한 단계 천천히 밟아가고 있습니다.

요즘은 모든 음식이 배달되니 경쟁자가 더 늘어나지 않았나요? 또 이마트 같은 매장에도 샐러드가 있고 마켓컬리에도 있고요. 경쟁이 심해진다는 걸 실감하시나요? 샐러드 시장이 점점 커지면서 대기업도 많이 진출하는데, 크게 신경 쓰이지는 않아요. 샐러드는 완전자동화가 어렵거든요. 절단이나 세척, 포장 등 일부 공정은 자동화로 생산성을 높일 수 있지만 그 외 과정은 일일이 손으로 작업해야 해요. 만약 제가 즉석밥 만드는 공장을 하고 있었다면 대기업이 진출하면 망할 수 있어요. 가령 나는 10명을 고용해 1000개를 만드는데 대기업은 1000개 만드는 데 3명이면 되거든요. 모든 과정이 다 자동화이기 때문에. 그런데 샐러드는 그렇게 안 돼요. 그래서 대기업이 들어오는 것에 대해서는 두려움이 없어요.

그리고 저희가 하는 '배송'은 오프라인 관점에서 바라보는 '배달'과 고객층이 달라요. 배달은 '지금 가볍게 먹을 만한 음식이 없을까?'라는 생각에 샐러드가 선택되는 것이고, 저희의 배송은 '다음 주부터 식단관리를 해야겠어. 샐러드로 해볼까?'라고 애초에 관리에 목적을 두고 계획한 소비자들이 선택하죠. 오프라인 배달업체와 경쟁한다고 보기에는 고객들의 니즈가 다른 것 같아요.

사업의 목적을 찾아가는 과정

샐러드 말고 다른 품목도 하세요? 네, '바른제사'라고, 제사 음식이에요. 형과 동업관계에 있어요. 그 외에도 몇 개의 온라인 몰을 운영 중입니다.

남들이 하지 않는 카테고리를 잘 찾으시네요. 바른제사는 특별한 계기가 있나요? 어마어마한 철학을 가지고 한 건 아니에요. 의류쇼핑몰을 하면서 많이 배웠지만 평생 할 수 있는 일은 아니었죠. 돈은 항상 힘들게 버는 걸로 생각했는데 슬림쿡을 하면서 '이렇게 돈을 쉽게 벌어도 되나?'라는 생각이 들더라고요. 제품은 직원들이 만들고, 광고나 홈페이지도 처음에 잘해놓으면 크게 손댈 게 없었거든요. 지금까지 이렇게 편하게 일한 적이 없어서 너무 행복했어요. 블루오션이기 때문이라고 생각해요. 블루오션은 이렇게 쉽구나. 다른 사람보다 조금만 더 잘해도 살아남을 수 있잖아요. 그래서 또 어떤 블루오션이 있을까 생각해서 사업적으로 접근한 거죠.

슬럼프는 없었나요? 스물다섯 살까지는 일에 미쳐서 살았던 것 같아요. 거의 4~5년을 40시간 연달아 일하고 8시간 자고 할 정도로 열심히 살았죠. 그러다 빚도 다 갚고 정상까지 올라가고 나니 목표가 없어진 기분이었는데, 그때가 되게 괴로웠어요. 저는 똑똑한 사람이 아니라서 남들보다 더 노력해야 비슷한 결과를 낼 수 있는데, 그만큼 더 일할 자신이 없었어요. 그런데 다시 정상에 오르고 싶은 욕망은 있고. 그래서 괴로웠죠. 제가 서른 살에 군대를 갔어요. 훈련소 가면 불침번을 서는데 그때 생각을 되게 많이 하게 돼요. '10년간 내가 뭘 하고 살았지?' 놀기도 많이 놀았지만 정말 힘들게 살았구나 싶어서 전역하면 행복하게 살겠다고 결심했어요. 그리고 슬림쿡을 하면서 행복했죠. 예전처럼 밤새워 일하지 않아도 돈을 벌고, 여행도 자주 다니고요.

그러다 다시 힘들어진 때가 있어요. 방송인 권혁수 씨가 저희 다이어트 식단을 배송받아서 하루치를 한 번에 다 먹는 게 방송에 나온 거예요. 그래서 '권혁수 도시락'이라고 실시간검색에 뜨고 매출이 많이 올랐어요. 갑작스런 행운이 온 거죠. 하지만 이게 언젠가는 떨어질 거잖아요. TV에 잠깐 나온 덕에 내가 의도하지 않았던 반짝 매출이 생긴 건데, 이걸 한 번 느끼니까 너무 괴롭더라고요. 20대 때는 1등을 하고 싶은 욕망이 있어서 괴로웠다가 그걸 내려놓고 평

정을 찾았는데, 다시 뭔가 속에서 끓어오른 거죠. 남들이 경쟁하지 않는 블루오션에서 쉽게 일하고 있었는데, 다시 붐이 일어나니 이걸 지키고 싶은 마음이 생겨서 괴로웠어요.

사람 마음이 그런가 봐요. 열심히 일하기는 싫은데 매출 좋은 회사로 키우고 싶고, 이런 두 마음으로 살던 괴로운 시기에 다양한 사람들을 만나면서 자극도 받고 일에 대한 즐거움을 다시 찾았어요. 그전에는 돈을 벌기 위해 사업을 했다면, 이제는 일이라는 것 자체에 열정이 생기면서 다시 재미있어졌어요. 특히 이너스랩을 하는 민재를 보면 너무 열정적으로 일하고 꿈도 굉장히 크거든요. 다시 불타오른 게 민재 덕분이라고 얘기해요. 그 외에도 생산관리에 도움을 주는 큰누나와 항상 매출을 끌어올려주는 가장 소중한 친구인 영주, 묵묵히 내부관리를 잘해준 화성이, 승훈 형까지 10년 넘게 제 곁에서 도와준 소중한 멤버들이 있기에 오랜 시간 동안 달려올 수 있었다고 생각합니다.

지금 시점에서 성공은 뭐라고 생각하세요? 굳이 생각해본 적은 없는데… 결국 성공은 행복 아닐까요? 지금 기준의 성공은 인간관계, 가족관계, 사업, 건강 등 이런 행복의 요소들이 모두 상향평준화되는 것 아닌가 싶어요. 상향평준화

목표치는 사람마다 다르겠지만요. 그리고 또 중요한 요소 중 하나가 시간이겠죠. 시간의 자유로움을 가져야 앞에 말했던 행복의 요소들을 이룰 수 있거든요. 예컨대 슬림쿡이 대기업이 되더라도 저에게 시간이 없다면 불행하지 않을까 생각해요. 돈을 버는 것처럼 시간도 버는 게 성공의 필수조건이 아닌가 싶습니다.

그리고 제가 일할 수 있다는 것 자체가 중요하죠. 얼마 남지 않은 30대는 조금 더 열심히 해서 회사를 더 키워보려고 생각하고 있어요. 제 행복의 요소 중 일에 다시 재미가 붙었으니까. 그래서 두 번째 창업이라고 생각하고 있어요. 돈을 버는 게 목적이 아닌 회사를 키우는 창업.

경쟁이 치열할수록
반드시 던져야 할 5가지 질문

이커머스, 온라인 비즈니스의 특징은 고객의 소비패턴이 오프라인보다 좀 더 명확하게 드러난다는 것이다. 오프라인 매장에서는 음식 맛이 다소 흡족하지 않더라도 직원의 정성 어린 서비스 하나가 고객을 만족시킬 수 있다. 그러나 온라인에서는 이런 반전이 거의 일어나지 않는다. 따라서 고객이 왜 우리 제품을 구매하는지, 가격대는 어때야 만족하는지 등을 파악해 경쟁사 대비 뚜렷한 강점을 갖추지 않으면 수많은 업체들 중 하나로 잊히기 쉽다.

치열한 경쟁에서 차별점을 만들려면 어떻게 해야 할까? 나는 '로망'을 자극하라고 말하고 싶다. 우리 제품을 구매하는 사람들은 어떤 로망이 있을까? 그 답을 알려면 그들의 심리를 이해하는 질문을 해야 한다. 이러한 관점에서 슬림쿡이 다이어트식의 대표주자로 자리잡을 수 있었던 이유를 정리해보았다.

1. 사람들은 어떻게 살을 빼고 싶을까?

슬림쿡이라는 이름을 짓기 전, 처음에는 '밥앤쿡'이라는 이름을 떠올렸다. 다이어트하려는 사람들을 보면 의외로 '식사(한 끼)'를 중요시하는 경향이 있다. 굶어서 빼기보다 이왕이면 건강하게 제대로, 그러나 과식하지 않고 먹자는 것이다. 이런 니즈를 고려해 좀 더 직관적인 이름을 궁리해 '슬림쿡'이라 지었다.

오프라인 매장은 가게 이름이 매력적이지 않아도 분위기나 인테리어에 끌려 들어가기 쉬운 반면, 온라인은 시각적 효과를 기대하기 어려우므로 들었을 때 기억하기 좋은 단어 등을 조합해야 한다. 버벌(verbal)과 비주얼을 둘 다 고려해 네이밍해야 하는 것이다. 한글로 입력할 때 헷갈리기 쉬운 철자, 가령 '애'와 '예' 같은 것은 틀리기 쉽고 언어전달력이 떨어질 수 있으므로 피해야 한다.

2. 사람들은 왜 다이어트 식단에 돈을 쓸까?

슬림쿡의 대표상품은 샐러드다. '1일 1식 샐러드'라는 이름으로 일주일 단위로 판매/배송되며 1주, 2주, 4주, 8주 등 정기배송 프로그램으로 구성되어 있다. 식사대용으로 구매한다 해도 한 번에 지출한다는 점을 고려하면 선뜻 결제하기 어려운 금액일 수 있다. 그럼에도 정기배송 상품으로 묶어둔 것은 사람들이 헬스장에 등록하는 심리에 착안한 것이다. 헬스장에 지불한 돈이 아까워 한 번이라도 더 운동하러 가는 것처럼, 샐러드 정기배송을 주문한 고객 역시 술 약속이나 야식 등을 자연히 줄이게 된다. 맛있는 샐러드를 합리적인 가격에 제공하는 것도 중요하지만, 그보다는 스스로 강제성을 부여할 수 있도록 고객에게 샐러드 다이어트라는 심리적 '루틴'을 심어주는 데 중점을 둔 것이다. '이 샐러드 덕분에 계속 다이어트 하고 있어'라는 느낌을 받는다면 고객은 돈을 쓰게 되어 있다.

3. 뻔한 다이어트 식단을 어떻게 차별화할 수 있을까?

다이어트 식단은 차별화하기가 어렵다. 정보도 많고 경쟁도 치열한 이 분야에서 차별화하려면 어떻게 해야 할까?

아이러니하게도 경쟁이 치열한 분야일수록 고객들은 자신이 진짜 원하는 것을 찾기 어렵다고 느끼기 쉽다. 그렇다면 경쟁자를 의식하기보다 기존 고객의 니즈를 파고들어 답을 찾는 것이 지름길! 우선 샐러드는 직장에 도시락으로 가져가는 경우가 많으므로 휴대가 간편해야 한다. 이때 중요한 것이 샐러드를 담는 '용기'다. 어떤 순간에도 파손되거나 내용물이 이탈해서는 안 되기에 이중 실링을 하는 등 튼튼한 포장에 주안점을 두되, 투박해 보이지 않게 최대한 심플하고 예쁜 모양을 유지하도록 신경 썼다. 그것만으로도 고객의 불만을 잠재울 수 있는 전략이 된다.

두 번째 차별점은 '거의 유일한 다이어트 냉장 도시락'이라는 점이다. 냉동이 아닌 냉장 도시락을 만들려면 일정 이상의 설비투자가 선행되어야 한다. 그만큼 진입장벽이 높아지므로 대기업인 풀무원을 제외하고는 냉장 도시락 업체가 많지 않았다. 또한 장기 보관이 어려우니 일정 물량을 꾸준히 소화할 수 없으면 계속 유지할 수도 없는 사업모델이다. 즉 다이어트 도시락이라는 시장은 경쟁이 치열했지만 '냉장'으로 키워드를 바꿔보면 승부를 걸어볼 만했다.

다이어트 도시락을 구매하는 사람들은 네이버에서 다이어트 도시락을 검색해서 그중 가장 마음에 드는 것을 먹는 것이 일반적인 패턴이었다. 그래서 우리는 도시락 업체를 여럿 만들되 생산은 한 곳에서 하고, 꾸준히 물량을 소화할 수 있도록 고객을 확보하는 데 주력했다. 규모의 경제를 실현하면 자연스럽게 가격경쟁력을 갖게 되고 경쟁사와의 싸움에서 유리해질 수밖에 없다.

4. PC와 모바일에서 구매하는 심리는 어떻게 다를까?

슬림쿡의 경우 PC와 모바일의 유입이 3대 7 정도로 모바일을 통해 들어오는 사람이 많다. PC와 모바일은 구매하는 양상도 다르다. PC로 사는 사람들은 검색한 다음 가격을 비교해 제품을 구매한다. 반면 모바일은 충동구매가 많은 편이어서 고객이 원하는 가치를 직관적으로 보여주어야 한다. 어디서 보지 못한 물건을 선보이고 구매 프로세스를 간편하게 하면 필요 없는 물건도 모바일로 사게 만들 수 있다.

요컨대 PC에서는 검색과 가격비교가 가장 큰 경쟁력이라면 모바일에서는 가치와 구매(UI, UX, 결제까지)의 간편함이 관건이다. 그러나 앞으로는 모바일이든 PC든 기능검색, 가격비교, 가치제공, 간편한 구매를 모두 가져가는 플랫폼이 승자가 될 거라 생각한다.

5. 기획과 마케팅의 방향을 어떻게 정해가야 할까?

온라인에서는 제품이든 사이트든 자꾸 사람들의 눈에 띄어야 한다고들 한다. 제한된 예산으로 효과적인 광고, 돈 벌어주는 광고를 하려면 어떻게 해야 할까?

이커머스의 마케팅 비용을 오프라인의 매장 임대료에 비유해보자. 마케팅 비용으로 한 달에 1억 원을 쓴다면 명동 한복판에 있는, 입지가 아주 좋은 매장에서 장사를 하는 셈이며, 한 달에 100만 원을 쓰면 동네의 작은 가게에서 장사하는 것이라 할 수 있다. 마음만 먹으면 핵심상권에도 들어갔다가 동네로 돌아왔다가 자유롭게 선택할 수 있는 것이 온라인 마케팅의 장점이지만, 그에 맞는 전략은 필요하다. 핵심상권에 들어갈 때 그만큼의 준비가 필요하듯 온라인에서도 무작정 제품을 알려보겠다는 각오만으로 광고해서는 안 된다. 모바일에서 지나가는 고객을 이끄는 후킹 멘트, 상세페이지 업그레이드 방법, 제품 비교, 고객의 재구매 패턴 등을 모두 고려해 촘촘하게 매체와 예산을 책정해야 한다.

이 또한 소비자의 구매패턴에서 답을 찾을 수 있다. 특히 고객의 리뷰나 댓글은 광고는 물론 마케팅과 기획에도 중요한 힌트를 줄 수 있다. 리뷰 하나로 구매전환율이 크게 달라지기도 하고 입소문이 번져가기도 한다. 또한 리뷰야말로 고객이 내는 진정한 '마음의 소리'다. 신제품을 개발할 때 타사의 경쟁상품에 달린 리뷰를 보며 개선점을 찾는다는 업체도 있다고 한다. 이런 점에서 리뷰야말로 우리 제품의 결핍을 알려주는 피드백이자 신제품의 기획방향이 되지 않을까.

"요리사에 투자할 돈을 좋은 재료를 쓰고
체계적인 공정을 만들고 직원들이 일할 수 있는
환경에 투자했어요. 궁극적으로 저희가 파는 것은
진짜 훌륭한 맛이겠지만, 이런 관점에서 볼 때는
시스템을 파는 것이기도 해요.
잘되어서 잘되는 가게를
만들기 위해서 노력했어요."

[CHAPTER 5]

시스템을 판다

전부열 · 복어잡는사람들 본점 및 (주)TRS 대표

20여 년간 복어요리 전문점을 운영하며 프리미엄 요리인 복어를 대중화하는 데 앞장섰다.
일관된 맛과 서비스를 내려면 꾸준히 자기만의 시스템을 완성하고 점검해야 하며,
그것이야말로 고객을 위한 길이라 믿는다. 또한 서비스 효율을 높여주는
외식업전용 무전기 '팀테나(teamTENA)'의 생산 및 유통을 맡고 있다.

어떻게 '복어'라는 아이템을 택하셨어요? 원래는 백화점, 유통업 분야에서 일했어요. 그런데 아는 동생이 요리를 하는데 복어집을 내고 싶으니 제게 투자를 해달라고 제안한 거예요. 저는 저대로 새로운 일을 해보고 싶은 마음에 요리사인 동생에게 투자했는데, 2년 만에 망했어요. 지금 제가 하는 이 매장 자리였는데 보증금만 남은 거죠. 그게 15년 전쯤 일이에요.

그 친구는 요리를 할 줄 아니까 앞길을 찾아서 떠날 수 있었지만 저는 아니잖아요. 인생을 바꿀 만큼의 돈은 아니었지만 그대로 포기하기에는 또 적지 않은 금액이었어요. 그렇다고 계속 속상해하고 있어봐야 저만 힘들고 누구를 탓할 수도 없으니 뭐든 해야 했죠. 그때만 해도 제가 요리를 할 수 있는 것도 아니고, 투자금을 더 끌어올 수도 없어서 계속 고민하다 '책'을 떠올렸어요. 가장 훌륭한 무기이자 스승님이죠. 그래서 매일 밤마다 복어와 음식에 대한 공부를 시작했습니다.

복어는 전문요리잖아요. 공부를 한다고 다 되는 건가요? 저에게 자격증은 없었지만 주방에 조리사는 있었죠. 저희 조리사는 복어만 손질해요. 그리고 복어는 직접 손질할 수도 있고, 손질한 복어를 가져올 수도 있어요. 중요한 건 음식의 맛이잖아요. 계속 책을 보면서 공부하고 요리를 개발하다 보니 점점 맛이 나더라고요. 손님의 입맛은 정확합니다. 예전에는 하루에 20만 원 팔던 가게가 30만 원, 40만 원으로 오르기 시작했어요. 그때 탄력을 받기 시작해서 매출이 올랐고 기반을 다졌죠. 그때 일했던 직원들 중 30~40%가 지금도 함께 일하고 있습니다. 이제 필요한 직원들은 복어 조리사 자격증을 다 갖고 있지만 지금도 모든 요리에 필요한 소스는 다 제가 만들어요. 체인점을 10개까지 했을 때도 요리의 소스는 제가 만들었어요. 말로는 이렇게 쉽게 하지만 어마어마한 시행착오를 거쳤어요. 의사가 약재를 찾듯이 재료조합에 별의별 시도를 다해봤어요.

그러면서 깨달았죠. 맛은 그냥 나아지는 게 아니라 데이터가 쌓이면서 나아져요. 손맛이 요리의 맛을 좌우한다고 하지만, 대량으로 요리할 때는 그게 오히려 일정한 맛을 내는 데 발목을 잡을 수도 있거든요. 저희는 시행착오라는 데이터를 기반으로 원하는 맛을 낼 수 있었어요.

지금도 체인점을 병행하시는 거죠? 작게 하고 있습니다. 막상 가맹사업을 해보니 저랑은 맞지 않더라고요. 저는 점주들의 사업을 일일이 성공시키고 싶은데 복어라는 게 쉬운 음식이 아니잖아요. 게다가 우리 복어집은 가족 단위, 회식, 연인들 맛집 외식업소이다 보니 100평 넘는 규모로 접근해야 해서 경영이 쉽지 않았어요. 잘될 때는 전혀 문제가 안 되는데 장사가 안 되면 답이 없는 거예요. 너무 힘들더라고요. 체인점을 10개까지 내본 후에야 제가 모두 책임져 줄 수 없다는 한계를 깨달았죠. 그다음부터는 자연스럽게 줄여나가서 지금은 대구에만 3개 남아 있어요. 모두 10년 넘은 매장들이에요.

> 시스템이
> 효율을 만들고,
> 효율이
> 맛을 만든다

'복어잡는사람들'이라는 이름은 어떻게 지은 건가요? 두 가지를 놓고 고민했어요. '참깊은바닷속복어'와 '복어잡는사람들'인데요. 후자를 줄이면 '복잡사'가 되더라고요. 바다에 나가서 복어 잡는 사람들의 모습을 사람들에게 인식시키고 싶었죠. 이렇게 좋은 복어를 잡아와서 신선하고 맛있다는 재료의 힘을요.

복어요리가 대중적인 아이템은 아닌데, 복어잡는사람들은 가족이 외식하러 오는 매장이란 점에서 반전 느낌이 듭니다. 복어를 이렇게 대중화한 비결이 뭘까요? 저희가 대구 중심가도 아닌 경산에 있지만 전국에서 손가락 안에 들 정도로 높은 매출을 내는 곳이에요. 지금은 3층짜리 저희 건물에서 영업하지만 예전에는 50평 정도 식당이었는데 더운 여름에도 손님들이 꽉 차서 땀을 흘리면서 먹을 정도였으니까요. 다른 복어집과는 무조건 달라야 한다는 차별화를 목표로 꾸준히 노력한 덕분이죠. 다른 복어집과 똑같이 했으면 결코 안 됐을 거예요.

일단 요리에서는 복어불고기를 냈어요. 복어집의 시그니처는 대부분 복어탕과 복어회인데 저희는 다른 아이템이 필요했죠. 그리고 복어불고기에 이어 비주얼 있는 복어볶음밥을 시도했어요. 누구나 좋아하는 대중적인 아이템이죠. 그 밖에 고춧가루를 안 넣은 복어맑은찜도 만들어요. 보통 해물찜은 아구찜처럼 고춧가루 베이스의 매운 맛을 기대하거든요. 손님에 따라 호불호는 갈리겠지만 저는 무조건 다른 복어집에 없는, 차별화된 메뉴를 만들고 싶었어요.

차별화된 메뉴는 누구나 시도하는 거잖아요. 어쩌면 머리로는 알면서도 못하는 것일 수도 있겠고요. 남들은 성공하지 못한 차

별화에 성공한 구체적인 방법이 있을 것 같습니다. 일단 제 성향과도 연결되는 것 같아요. 어릴 적부터 뭘 하나 하면 끝까지 하는 편이었어요. 갖고 싶거나 사고 싶은 게 있으면 온 시내를 뒤져서라도 구했어요. 외식업에도 그런 성향이 반영되어서 무조건 악착같이 될 때까지 해요. 복어불고기를 개발할 때는 거의 매일 밤새도록 30판 넘게 굽고 또 구워서 나중에는 대체 무슨 맛인지 모를 때까지 먹었어요.

맛의 비법은 양념도 있고 소스도 있지만 결정적인 비결은 '좋은 재료'예요. 진짜 비법을 사람들이 물어보면 제가 최고의 재료를 쓰라고 말해줘요. 집에서 해물탕을 끓일 때 가장 좋은 걸 사오면 소금하고 고춧가루만 넣어도 맛있어요. 그러면 정말 좋은 재료가 뭐냐고 또 물어봐요. 전 그러면 한마디로 정리해요. 싸고 좋은 물건은 없다고, 제값을 줘야 한다고요. 만약 제가 복어업체랑 약속한 가격이 있는데, 저희가 복어를 많이 쓴다고 해서 결제할 때 가격을 흥정하려 들면 다음에 그 업체에서 품질 좋은 복어를 구해줄까요? 절대 안 주죠. 가장 좋은 재료는 신뢰에서 나온다고 생각합니다.

저희 밀복은 제가 동해에 가서 직접 구해와요. 맛있는 복어를 구하려고 경주 감포에 있는 항구에 가서 어부와 상인들을 붙잡고 물어봤어요. 그런데 시원하게 안 알려주는 거예요. 할 수 없이 여기저기서 복을 사다가 요리하면서 임상 테스트를 했죠. 그런데 신기하게도 특정 배에서 잡힌 복이 유독 맛있더라고요. 그 길로 선장을 졸라서 배를 타봤더니, 다른 배보다 더 좋은 냉동고가 있었어요. 복어를 잡자마자 성능 좋은 냉동고에서 얼린 게 맛의 비법이었던 거죠. 그 길로 그 선장과 장기계약을 체결했어요. 저희도 복어를 보관하는 전용 냉장고와 냉동고를 마련해서 철저히 관리하고요.

재료비가 많이 들면 원가가 올라가지 않나요? 아니죠. 멀리 보면 그게 아끼고 차별화하는 비결이에요. 어쩌다 복어라는 업에 뛰어들었지만 제가 요리를 잘 못한다는 게 역으로 사업에 도움이 됐어요. 일단 복어는 고급요리여서 주방 인건비가 많이 들어요. 하지만 저는 기계나 설비를 최고 수준으로 갖추는 데 주력했어요. 그러면 자동화까지는 아니어도 반자동화가 이뤄져요. 그렇게 아낀 돈은 재료의 등급을 높이는 데 써요. 복어뿐 아니라 다른 재료도 1%만 좋은 걸 쓰면 맛이 달라져요. 가령 고춧가루를 한 등급 높은 걸 쓴다면 양념이나 조리법을 조잡하게 만들 필요가 없어요. 그 자체로도 풍성한 맛이 나니까 손님들이 더 몰려오죠. 그럼 거기에 맞는 대량생산 체제를 다시 짜요. 저희 매출이 복어집으로는 전국에서 손꼽힐 정도라고 했잖아요. 그럼 저희만의 구매력이 생기겠죠. 그 힘을 바탕으로 재료의 등급을 더 높일 수 있어요. 이게 정답이라고 단언할 수는 없지만, 요리사에 투자할 돈을 재료에 투입하는 선순환이 무한 반복되는 거예요. 즉 음식의 맛을 살리기 위해 좋은 재료를 쓰고 체계적인 공정을 만들고 직원들이 일할 수 있는 환경에 투자한 거죠.

궁극적으로 저희가 파는 것은 진짜 훌륭한 맛이겠지만, 이런 관점에서 볼 때는 시스템을 파는 것이기도 해요. 잘되어서 잘되는 가게를 만들기 위해 노력했어요. '공정이 효율을 만들고, 효율이 비용을 낮추고, 그 모든 혜택이 고객에게 돌아간다'는 게 고급요리를 대중화할 수 있었던 비결이라 생각합니다. 복어라는 요리의 맛을 널리 알리지 못했다면 저는 여기까지 오지 못했을 거예요.

욕심을 부리는 능력, 버리는 능력

인테리어나 그릇, 집기 등을 보면 사진 찍고 싶다는 생각이 들어요. 복어라는 요리가 아무래도 젊은 층을 대상으로 하지는 않을 텐데요, 고객층을 바꾸려는 시도를 하고 계신가요?

저희 매장에는 가족 단위로도 많이 오고, 여성분들도 저희 음식을 좋아하세요. 복어는 흔하지 않은 요리로 알려져 있는데 그럴수록 복어에 대한 기준을 바꿔야겠다고 생각했어요. 아까도 말했지만 복어탕이나 복어회라는 공식을 무조건 벗어나야겠다고 생각한 거죠. 복어불고기의 경우 찜하고는 또 달라요. 흔히 찜에는 고춧가루를 많이 넣고 굵은 콩나물을 쓰는 반면, 저희는 계약재배한 우리만의 콩나물을 넣습니다. 젊은 층이 좋아하는 맛이 뭔지 연구해서 불맛을 냈고, 볶음밥으로는 사진 찍힐 만한 비주얼을 연출했어요.

복어는 위험하다고 생각해 안 먹던 분들이 저희 가게에서 복어를 처음 접한 경우가 꽤 있어요. 그게 오히려 유리했죠. 복어요리를 처음 먹어본 분에게는 저희가 기준이 되는 거예요. 그럼 역으로 다른 복어집에 가서 여기는 왜 복어잡는사람들처럼 나오지 않느냐고 따지는 분들도 있어요. 일단 시장의 승자가 되면 제가 기준이 될 수가 있어요.

기존 복어집에서 하던 요리를 따라 하지 않고 저희만의 스타일로 메뉴를 개발해서 가장 좋은 점은 복어요리 시장의 파이가 커졌다는 거예요. 저희는 남들처럼 맛집 블로거들을 대상으로 광고해본 적이 없어요. 그런데 블로그에 제가 기대한 것과 비슷한 후기가 종종 올라와요. 이런 스타일의 복어요리가 있는지 몰랐다는 평이 대부분이에요. 음식뿐 아니라 가게에서 쓰는 그릇도 마찬가지예요. 가장 좋은 걸로 사는 게 남는 거라는 생각으로 구입했는데, 다들 좋아 해주시더라고요.

기존의 복어요리와 다르다는 것도 차별점이지만, 매장 인테리어나 분위기도 기존의 복어집과 달라 보여요. 처음 이 동네에 왔을 때 여기가 그렇게 장사가 잘되는 상권은 아니었어요. 지역사회에서 복어를 대중화시키고 가족단위 맛집으로 이름이 알려지면서 사람들이 오기 시작한 거죠. 그리고 나니 이 땅을 사서 직접 건물을 짓고 싶었어요. 처음에는 땅 사는 것도 어렵고 자금도 터무니없이 부족해서 망설였는데, 우여곡절 끝에 살 수 있는 여건을 만들었어요. 그러고도 엄청난 대출을 받을지 말지 고민하던 때 아내가 어떻게든 안 먹고 안 쓸 테니 3년만 버티면서 해보자고, 이거 포기하면 다른 데 가서 장사하다 또 기간이 되면 떠돌 거라고 저를 설득했죠. 생전 본 적 없는 숫자의 금액을 대출받은 후에는 자다가도 벌떡 일어나서 장사가 안 되면 어떡하지, 고민하고 또 고민했어요. 심지어 땅을 산 그다음 해에 서브프라임 금융위기가 터졌어요. 다행히 IMF 때처럼 경제가 무너지진 않고 무사히 지나갔지만요.

저희 건물을 짓기로 결심한 건 노후화된 건물 문제나 제대로 사업을 해보겠다는 욕심도 컸지만, 무엇보다 고객을 위한 분위기를 만들고 싶어서예요. 복어집이라고 하면 대부분 오래된 느낌을 떠올린단 말이에요. 그 인식을 뒤집는 매장이 필요했죠. 요즘은 어디든 검색해보면 내가 부담 없이 들어갈 수 있는 곳인지 아닌지가 다 나오잖아요.

가족 외식이지만 갤러리 같은 건물을 짓고 싶어서 층고를 높게 하고 창문을 전부 길게 냈어요. 테이블을 몇 개 더 놓기보다 개방감을 느끼면서 먹는 공간이 중요하다고 봤어요. 어떤 곳에서 무엇을 먹었는지도 중요하지만 음식을 먹었던 공간의 분위기가 기억에 더 오래 남을 때도 많으니까요.

이 역시 생각처럼 쉬운 작업은 아니었을 텐데요. 일단 욕심이랄까, 타협할 부분에서 포기하지 못하다 보니 10개월로 예정했던 공사가 18개월이 걸렸어요. 그동안은 건물 뒤편에 조그맣게 식당을 하면서 명맥을 유지했고요. 오픈하고 나니 하루 매출액이 1000만 원이 넘게 나왔어요. 8개월 늦어진 걸 따져보면 수치상으로 24억의 매출을 포기한 셈인데, 그러더라도 잘 짓고 싶은 욕심이 더 앞선 거죠. 그렇게 '복어잡는사람들'이라는 간판을 단 지 10년 만에 지하 1층·지상 3층 규모의 건물을 짓게 됐습니다.

재미있는 사실은, 건물을 짓는 과정에서 오너의 소양 중 욕심 버리는 능력이 얼마나 중요한지를 새삼 깨달았다는 거예요. 고객을 위한다는 마음과 제가 하고 싶은 것을 하는 마음은 종이 한 장 차이지만 슬기롭게 구별해야 합니다. 저는 매장을 지을 때 해보고 싶은 게 많았어요. 그중 하나가 화장실에 가장 멋진 수전, 그러니까 아주 럭셔리한 수도꼭지를 달아보고 싶었거든요. 하지만 웬걸, 달고 나니 작동법을 모르는 분들이 대부분이었어요. 물이 튀기 일쑤고 물을 틀어놓은 채 가는 분들도 계셔서 결국 평범한 수전으로 돌려놓았죠.

하루에 두 팀만 감동시키자

고객을 위한 서비스는 어떻게 하세요? 지역 맛집으로 자리잡으려면 입소문도 중요할 것 같은데요. 처음에는 사장이 하나부터 열까지 챙겨야 한다고 생각했어요. 손님을 위해서라면 뭐든 다 해준다는 게 저의 철칙이었죠. 틈만 나면 현장에서 서비스 포인트를 찾으려고 손님들을 살피고 또 살폈어요. 음료수 하나도 기분 좋게 드리고 어떻게든 밝은 얼굴로 대했죠. 그러면 커플로 왔다가 다음에는 부모님을 모시고 오기도 하고 그래요.

지금은 좀 달라요. 물론 고객을 위한다는 마음과 원칙에는 변함이 없지만 이제는 제가 카운터에 있는 시간만큼 손해라고 생각해요. 사장이 할 일은 손님을 감동시키는 것이기도 하지만, 직원이 할 수 없는 일을 찾아내는 것이거든요. 고객을 만족시키려면 직원들의 어려움을 제가 나서서 해결할 수 있어야 해요.

손님들에게 했던 인상적인 서비스가 있다면요? 지금은 안 하는데, 5000원짜리와 1만 원짜리 쿠폰을 만든 적이 있어요. 저는 이걸 쿠폰이 아닌 '복돈'이라 불렀어요. 보통 쿠폰은 다시 와서 주문할 때 쓸 수 있어서 별다른 감흥이 없는데, 저는 복돈을 드리면서 "이건 쿠폰이 아닌 복돈인데 언제든지 저희 매장에 오시면 현금으로 바꾸어드린다"고 말했어요. 그 순간 복돈이 진짜 돈이 되는 거죠. 실제로 바꿔간 분은 딱 한 명밖에 없었는데, 신기한 건 아무도 이 복돈을 안 버렸다는 거예요. 저희가 실수를 했거나 저희에게 감동을 준 분들께 이 복돈을 드렸는데, 이 말은 곧 저희에게 위험이 되거나 엄청나게 고마운 분들이라는 뜻이잖아요. 그러니 직원들이 그런 손님을 대하는 마인드도 달라지죠. 복돈을 갖고 있는 손님이 오면 아낌없이 서비스를 해드리는 거죠. 한때 단골을 만드는 주요 전략이 됐어요.

고객을 위한 서비스 포인트를 끊임없이 찾는 편인가요? 일부

러 찾는다기보다는 늘 머리에 두고 있다는 말이 맞을 것 같
아요. '우리 손님들에게 뭘 해줄 수 있을까?'라는 질문이
늘 따라다녀요. 저희 매출을 올려주는 걸 떠나서 우리 집
까지 일부러 와주시고 맛있다고 칭찬도 해주고 소문도 내
주잖아요. 뭐든 다 해드리고 싶은데, 고객들이 감동받는 건
놀랍도록 사소한 서비스예요. 제가 예전에 그런 말을 한 적
이 있어요. 팬을 만드는 전략은 어찌 보면 간단하다. 하루
에 두 팀만 감동시킬 수 있으면 1년이면 700팀을 내 손님으
로 만드는 것이라고요. 이런 마음으로 손님에게 뭘 해줄지
고민해요. 가령 세차하지 않은 손님이 주차하면 유리창을
티 안 내고 깨끗하게 닦아놔요. 그럼 손님은 나가면서 알게
모르게 뭔가 앞이 환해진 느낌을 받겠죠? 우리 집에서 밥을
먹었는데 밝은 기분이 되는 거예요.

그런 식으로 마케팅 아닌 마케팅을 했어요. 핵심 경쟁력
을 쌓아갔고요. 하지만 아무리 손님들에게 다 해줘도 음식
맛이 받쳐주지 않으면 아무런 소용이 없어요. 아무리 강조
해도 지나치지 않는 게 '기본'이죠.

**대표님 이야기를 듣다 보니 외식업 자체를 즐긴다는 생각이 들
어요. 어떨 때 가장 보람을 느끼시는지?** 그건 누구나 같을 거
예요. 우리 음식을 정말 맛있게 먹었다고 칭찬해주시는 분들

은 너무너무 감사하죠. 그때 가장 기쁘고요. 엄마 손 잡고 왔던 고객이 여자친구 손을 잡고 온다든지. 친구에게 동네 자랑하듯 "너희 동네에 이런 복어집 없지?"라고 하는 걸 볼 때 경산 시내의 자랑거리가 된 것 같아서 굉장히 뿌듯합니다.

좁은 시장일수록 반전이 가능하다

코로나19 때는 아무래도 힘들었을 것 같아요. 네, 할 수 있는 게 없었어요. 거의 원자폭탄 맞은 기분이었달까. 아무래도 가족 모임이나 회식 손님이 많은 식당이고, 사회적 거리도 신경 써야 하는 처지였으니까요. 그래서 두 달 정도 문을 닫고 쉬었어요. 여름 지나면서 80% 정도 회복됐고요.

앞으로는 식당이 양극화될 것 같아요. 가령 전문으로 배달하는 곳이냐 와서 먹는 곳이냐. 밥은 집에서 먹더라도 한 번씩은 외식을 할 겁니다. 그때 손가락으로 꼽는 집에 들어야겠죠. 밥집과 외식업은 다르다고 생각해요.

음식점 말고 다른 사업도 하고 계시죠? 외식사업이 잘되고 있는데 새로운 사업에 뛰어든 이유가 있는지 궁금했어요. 네, 팀이 소통하는 안테나 '팀테나'라는 무전기예요. 왜 이걸 시작했냐면, 저는 새롭게 시도하는 걸 좋아해요. 가능성 있는 것에 모험을 걸어보고 싶은 성향이 있어요. 게다가 재미있는 점은 제품을 팔 때 반전이 있어요. 처음에는 제가 물건을 팔아야 하니 '을'이잖아요. 하지만 고객이 저희 제품을 쓰는 순간 저도 같은 '갑'이 되어요. 제품력만 있으면 고객과 동등한 입장에서 영업할 수 있죠. 복어 시장도 전체 외식시장의 5%밖에 안 돼요. 무전기도 외식업, 미용업, 병원 정도에서만 쓰고요. 대기업이 뛰어들기에는 굉장히 작은 시장이죠. 하지만 개인이 잘만 하면 경쟁력 있는 아이템으로 작은 카테고리에서 깃발을 꽂을 수 있어요. 이런 점이 매력적이에요. 복어 사업에 비하면 아직 가능성은 미미하지만, 제가 생산한 제품을 잘 알려보고 싶어요.

하루 일과 중에서 특별한 게 있을까요? 사장은 부족한 걸 메워주는 사람이라고 했잖아요. 직원들이 못하는 일을 해결해야 하는 사람이에요. 저는 가게에 앉아서 자리를 지키기보다는 밖에 나가서 우리 가게에 뭐가 필요한지 꾸준히 찾는 편이에요. 예를 들면 저희 주방에서 쓰는 튀김기를 바꿀 때 이야기예요. 아는 동생이 자기가 써보니 좋다면서 한번 와서 보라고 하는데 뭐가 그리 특별할까 싶어서 안 갔어요. 그러다 나중에 가보니 세상에, 전기 튀김기가 차원이 다르게 뛰어나더라고요. 식당에 가져와 써보니 기대 이상으로 좋았어요. 그래서 더 큰 사이즈를 무려 6500만 원이나 주고 샀어요. 기계 들여놓으면서 "2~3명의 인건비를 커버할 수 있다"고 말했는데 직원들이 안 믿더라고요. 아마 저도 그 친구가 그렇게까지 권하지 않았더라면 안 써봤을 거예요. 누군가 제 틀을 깨준 거죠. 제가 가만히 있는데 누가 와서 틀을 깨줄 리는 없으니, 사장의 역할은 그런 신선한 경험을 제공할 사람을 귀를 열고 계속 찾아다니는 거죠. 혼자 성장하는 것은 한계가 있거든요.

사장의 역할을 하나만 더 강조한다면? 아, 그게 정말 어려운 일인데, 누구나 알면서 못하는 것일 수 있어요. 저를 대신해 줄 책임자, 리더를 찾아서 그 사람에게 위임하고 잘할 때까지 기다려주는 자세가 정말 필요하더라고요. 저도 예전에는 디테일에 강하고 집요한 편이었는데 점점 직원이 성장할 때까지 기다려주는 인내심을 갖는 게 중요하다는 걸 실감합니다.

누군가 외식업을 하고 싶다고 찾아온다면 무슨 말을 해줄 것 같으세요? 일단 어려우니 웬만하면 하지 말아라, 혹은 신중하게 접근하라고 하겠죠, 하하. 그러나 이 역시 초심이에요.

기본을 잃지 말아라, 처음의 마음으로 늘 돌아가라고 말해주고 싶어요. 처음에 좋은 고구마를 샀으면 끝까지 좋은 걸 사야 해요. 왜냐면 한 번 싼 고구마를 사면 사람 마음이 간사해져요. 박스당 가격이 널을 뜰 때도 다른 마진을 줄여서라도 한 번 샀으면 끝까지 유지해야 해요.

성공은 뭐라 생각하세요? 내가 하고 싶은 걸 할 수 있는 여건이 되면 일차적인 성공이겠죠. 하지만 진짜 성공은 재미있는 걸 찾고 사소한 것들을 좋아하는 사람들과 나누는 것, 마음 나눌 여유를 가질 수 있다면 행복이자 성공이 아닐까 생각합니다.

준비 없이 뛰어든 창업, 반전을 일으키려면?

창업은 어떤 업종이 되었든 간에 일생일대의 도전이다. 그러나 놀라운 사실은 인생을 바꾸는 도전임에도 야무진 준비 없이 뛰어드는 사람들이 적지 않다는 것이다. 부끄럽지만 나 역시 그렇게 이 길에 발을 들였다. 직접 한 창업은 아니었지만 적지 않은 금액을 투자한 것이니 그만큼의 각오를 했어야 했는데 그렇지 못했다.

나처럼 전혀 다른 분야에서 일하다 외식업에 발을 들인 사람들, 미처 준비하지 못한 초보 사장들이 어떤 점을 염두에 두어야 하고 무엇으로 반전을 일으킬 수 있을지 정리해보았다. 일종의 체크리스트 혹은 참고자료로 보시면 좋겠다.

입소문에 유리한 대표 메뉴 만들기

우리 집의 복어불고기는 기존의 복어집과 다르게 해물찜이나 아구찜처럼 매운 맛을 즐기는 한국인들의 입맛을 저격한 시그니처 메뉴다. 메뉴는 새롭지만 맛은 익숙한 셈이다. 이럴 경우 재료만 좋으면 새롭지만 낯설지 않은 (그리고 훌륭한) 맛으로 손님을 사로잡을 확률이 높아진다. 새로운 메뉴를 개발하는 데만 집착하거나, 남들도 다 하는 메뉴를 잘 만들려고만 해서는 전문 셰프 없이 매출을 올리기 어렵다. 사람들에게 우리 가게의 맛을 설득하는 과정을 한 단계 줄이는 전략이라 생각하면 이해가 쉬울 것이다.

조리 과정을 간소화하는 설비투자

대표 메뉴를 만드는 것도 쉽지 않지만 이를 알리고 어필하는 것도 만만치 않은 문제다. 우리는 차별점으로 '복어 세트'를 내세웠다. 코스 요리를 내려면 아무래도 손이 많이 가기 마련이다. 다양한 요리를 하려면 챙길 게 많아 주방 인력도 당연히 더 필요하다. 서버들도 손님 테이블을 여러 번 오가야 하기에 동선도 신경 써야 한다. 한마디로 일이 많아진다. 이 점을 각오하고 시작하는 한편, 무조건 이러한 복잡함을 줄이는 데 중점을 뒀다. 음식은 손맛이 중요하다고 하나 많은 양의 요리를 한 번에 하려면 손맛 못지않게 맛의 일관성을 내는 게 중요하다고도 보았다.

맛을 책임지는 것은 좋은 재료이고, 그다음으로는 양념과 소스다. 양념을 일일이 제조하는 것도 만만치 않은 작업이므로 우리만의 소스를 만드는 기계를 제작해 일하는 시간을 크게 줄였다. 코스에서 가장 환영받는 요리인 튀김에도 아낌없는 설비투자를 했다. 거금을 들인 튀김기에 대한 직원들의 만족도는 이루 말할 수 없을 정도로 높았고, 지금도 그만큼의 값어치를 충분히 한다고 생각한다.

음식에서 가장 중요한 것은 맛이다. 그러나 반드시 최고의 요리사를 모셔와야 최고의 맛을 낼 수 있는 것은 아니다. 직원들의 수고를 덜어주면서 일정한 맛을 내는 것은 양질의 설비투자로도 충분히 가능하다. 주방에 아낌없이 투자한 것은 지금도 가장 잘한 일 중 하나라고 생각한다. 직원들을 위한 에어컨 시설, 그중에서도 급배기 시설에 투자를 많이 했다. 실내에 신선한 공기를 흡입시키고 탁해진 공기는 배출하는 장치인데, 이 시설이 잘돼야 홀도 주방도 쾌적해진다.

서비스 효율을 높이는 전략

조리 외에 매장의 서비스 효율을 높이기 위한 투자도 적극적으로 했다. 단적인 예로 우리 매장은 자체적인 무전 시스템이 있다. 기존의 무전기는 작동이 불편해서 직원들의 기피대상 1호였는데, IT기술을 접목해 외식업 전용 무전 시스템인 '팀테나(teamTENA)'를 사용한 덕에 소통의 효율도 높이고 인건비도 줄이는 효과가 나타났다. 식당의 서비스를 좌우하는 것은 접객이기도 하지만 직원들끼리의 원활한 커뮤니케이션이기도 하다. "1번 테이블에 음식이 늦어지고 있어요", "3번 테이블에 술을 서빙해야 합니다" 등 손님이 부르지 않아도 서로 부족한 점을 알려줄 수도 있고, 손님이 누르는 벨로 메시지가 전달되기 때문에 테이블에 두 번 갈 것을 한 번만 가면 된다.

타깃을 고려한 인테리어, 건물도 기능이다

우리 식당은 처음부터 복어집을 위해 지어졌다. 50평밖에 안 되는 경산의 작은 가게에서 시작해 오늘에 이를 수 있었던 것은 전적으로 고객들 덕분이다. 그분들을 위해 어느 지역에 내놔도 자랑스러운 매장을 만들고 싶었다. 가족 모임과 소모임, 회식이 주요 타깃이기에 분위기가 중요하다고 보았고, 건물을 지을 때부터 식당이라 생각되지 않을 정도로 디자인에 심혈을 기울였다. 주방 동선과 고객 동선, 객실 위치, 창문 하나까지 신경 썼음은 물론이다. 우리 매장에는 1층 4개, 2층 10개의 객실이 있는데, 어느 곳 하나

창문 없는 방이 없으며, 뷰가 같은 방도 없다. 그만큼 공사비가 올라간 것은 당연하다. 주위에서는 저러다 식당이 망하기라도 하면 건물 아까워서 어떻게 하느냐고 걱정도 많았지만, 지금의 나를 있게 해준 고객을 위한다는 생각에 아낌없이 투자했다.

모든 어려움을 커버하는 것이 사장의 일임을 잊지 말아야 한다. 사장은 직원이 할 수 있는 일은 잘하게 만들어주고, 직원이 하지 못하는 일도 할 수 있어야 한다. 직원이 하지 못하는 일은 사장 역시 하기 힘들다. 그럼에도 사장은 해내야 하고 해결해야 한다. 그것이 사장의 일이며 사장의 마음이다.

우리 매장 입구에는 '맛있는 음식을 먹는 것은 나를 행복하게 하는 것이다'라는 문구가 적혀 있다. 자신이 먼저 행복해져야 남을 행복하게 해줄 수 있다. 맛있는 우리 음식이 행복의 선순환이 시작되는 계기가 되기를 바란다.

"맛이든 뭐든 나름의 균형을 잡으려고 노력해요.
가령 전복 백숙 같은 경우 전복 향이
너무 강하지 않게 능이로 맛을 잡아주고
한약재 맛도 숨겼어요. 그러다 보니 젊은 층은
자칫 안 먹을 것 같은 메뉴인데도
고객의 세대 균형을 맞출 수 있었죠."

[CHAPTER 6]

밸런스를 판다

김상민 · 큰나무집 대표

가업이 아닌 정신을 잇겠다는 마음으로 어머니인 조갑연 대표와 신구의 조화를 추구하며
대구에서 2대째 '큰나무집' 브랜드를 이끌고 있다. 오프라인에서는 백숙 전문 '큰나무집궁중약백숙',
사찰음식 전문 '큰나무집밥', '큰나무집반찬가게' 등을, 온라인에서는 백숙밀키트를
메인상품으로 판매하는 쇼핑몰을 직접 운영 중이다. 집밥처럼 맛있고 건강한 음식으로
사회에 이바지하는 100년 기업을 만드는 것이 목표다.

백숙을 하게 된 계기가 있으신가요? 언제부터 시작하셨죠? 제가 본격적으로 뛰어든 건 10년쯤 됐어요. 초등학교 2학년일 때 어머니가 백숙 장사를 시작하셨어요. 출발은 소박했죠. 손맛이 남다른 어머니가 집에서 음식을 파셨거든요. 공무원이셨던 아버지가 근무하시는 동안 집에서 장사를 해볼까 하면서 간판도 없이 시작하셨어요. 음식 장사하기 전에도 다른 장사를 집에서 하신 적이 있어요. 항상 손님이 집에 오고, 뭔가를 파는 집 아들로 사는 게 익숙했던 것 같아요. 정확히 말하면 집이랑 일터가 분리된 적이 없었죠.

집에서 어머니가 식당을 하셨으니 자연스럽게 보고 배웠겠네요 어머니가 장사하는 모습을 오랫동안 봐왔으니 엄연히 장사꾼의 아들이었는데 특별히 가업을 물려받아야겠다고 의식하지는 않았어요. 남들에게는 집이 쉬는 곳인데 저는 그러지 못하니 오히려 일찍 집을 떠나고 싶었죠. 어머니도 저에게 물려주고 싶어 하진 않았어요. 요즘이야 많이 달라졌지만 보통 식당 하시는 분들이 장사를 힘들다고 여기시 잖아요. 어머니도 백숙집을 부업으로 하시는 정도였고요. 그런데 IMF 외환위기 즈음에 아버지가 퇴직하시면서 저희 집 사정이 좋지 않았어요. 마침 다행히 식당이 잘되면서 저도 뛰어들어서 함께했죠.

가업이 아닌 '정신'을 잇다

장사를 시작한 분들 중에는 2세가 많아요. 처음부터 너무 하고 싶어서 시작한 사람과는 아무래도 관점이나 생각이 다를 텐데, 힘든 점은 없었나요? 지금이야 어머니가 정말 대단하다고 느끼지만 처음 일을 시작할 때는 많이 부딪쳤어요. 일단 운영방식이 서로 너무 달랐어요. 어머니는 손님이 아주 사소한 거라도 지적하면 바로 실행, 개선하는 스타일이시거든요. 저는 그런 것들을 모아서 분석부터 한 다음에 실행해야 하는 것 아닌가 생각했고요.

가장 힘든 건 일단 어머니인데 어머니가 아니고, 사장님 인데 사장님이 아니라는 점이었어요. 무슨 말인가 하면 분명 우리 엄마니까 엄마로 대했더니 "어디 사장님한테!" 이러시고, 사장님처럼 대했더니 "어디 엄마한테!" 이러시는 거예요. 호칭이 아닌 관계의 영역에서요. 그러다 보니 집인지 일터인지 구분하기도 힘들고, 어머니는 저에게 비전을 제시해준다기보다 매순간 그냥 열심히 부딪치고 타개하면서 일하시는 것 같더라고요. 그 점이 힘들었죠.

제 나름의 해결책으로 어머니와 확연히 다르게 일하는 사람들을 만나서 비교해보기도 했어요. 배울 점이 있으면 적극적으로 받아들였고요. 그 과정에서 아이러니하게도 어머니의 대단함을 다시 느꼈어요. 체계적이지도 않고 그냥 열심히 하신다고만 생각했는데, 뭐라 표현하기는 어렵지만 어머니만의 필살기가 있었죠. 어머니는 진정성 있게 꾸준히 하는 분이에요. 요즘은 '진심'이라는 단어가 조금 흔하기도 하고 오글거리기도 하지만 실제 그러셨어요.

자의 반 타의 반으로 시작하셨는데, 그러다 '내 일'로 업을 받아들이게 된 계기가 궁금합니다. 30대 중반이 되면서 비로소 제 업에 대해 진지하게 생각하게 됐어요. 예전에는 어머니가 힘드시니 도와드린다고 생각했는데 지금은 가업을 잇는다고 생각해요. 대를 이어 이 사업을 꼭 제 것으로 만들겠다는 뜻이 아니라, 이 정신을 잘 이어받아야겠다는 거죠. 일본에 그런 집들이 있대요. 반드시 자기 자식에게 가업을 물려주는 게 아니라 직원 중에 정말 잘하는 사람이 있으면 그 사람이 성을 바꿔서 이어받는다고 하더라고요. 우리나라는 보통 자식들이 이끌어 가는데, 저는 가업보다는 정신을 이어간다고 생각하고 싶습니다.

겸손하게 말했지만 어머니가 만든 가치를 자기 방식대로 이어 가려고 노력했을 것 같은데요. 2세로서의 시도라 해야 할까요?
어머니는 감이 좋은 분이에요. 그리고 저보다 훨씬 그릇이 크신 분이고요. 그 큰 그릇을 담기에는 저나 직원들의 역량이 부족하다고 생각했고, 그것을 커버할 수 있는 방법으로 시스템화를 떠올렸어요. 어머니가 밤낮 없는 고민으로 해답을 이끌어내시면, 제 일은 그 해답을 요즘 방식으로 보완, 개선, 체계화, 구체화하는 것이라고 생각했습니다. 말하자면 백숙을 맥도날드처럼 만들 수 있게끔 시스템화하는 거죠. 음식을 잘 만들고 재고를 효율적으로 관리하는 것 등을 전부 시스템으로 돌아가게끔 했어요.

백숙이라는 메뉴의 특성상 여름과 겨울의 매출 편차가 커요. 여름에는 손님이 많아서 접객이 엄청 힘들어지는데, 서비스 편차를 줄이는 시스템을 고민했어요. 저는 원래 서비스에 관심이 많았어요. 스무 살 때부터 커피숍에서 아르바이트를 했는데 그때 사장님이 생명보험사 인사관리팀에서 일하던 분이라 서비스 교육을 잘 시켜줬어요. 손님을 기다리는 것부터 메뉴를 외워서 안내하고, 손님들 피드백을 관찰하는 것들이 너무 재미있더라고요. 외식을 좀 더 체계적으로 공부하고 싶어서 교육도 해외연수도 많이 다녔고요. 어머니도 그런 건 늘 지원해주셨고요.

모든 시도가 잘된 건 아닐 텐데요. 저는 어떻게 하면 저희 집이 좀 더 깨끗하고 심플해 보일지 고민하고 시스템화된 곳처럼 보이는 데 신경 썼다면, 어머니는 무조건 손님을 감동시키는 데 몰두하셨어요. 어머니와 제가 이렇게 다른 게 오히려 시너지가 나더라고요. 다른 2세들은 성향이 다르면 아예 일에서 빠지거나 자기 생각대로 밀어붙이는데 저는 그 중도를 택했죠. 어머니의 철학은 지키되 제가 할 수 있는 선에서 고객관리를 한다든지, 온라인으로 더 많은 사람에게 알린다든지, 그 역시 광고보다는 개인들에게 자연스럽게 퍼질 수 있는 환경을 만들려고 노력했어요.

갈등을 겪으며 가게나 대표님이 발전한 부분도 있을 것 같습니다. 처음에는 체계적으로 일하는 프랜차이즈 기업들이 부러웠어요. 그런데 그런 브랜드들 중에는 아예 사라진 곳도 있고 예전만큼 안 되는 곳도 있잖아요. 반면 저희 집은 약 30년 동안 꾸준히 성장해왔어요. 주먹구구식으로 했다고 생각했는데 지금까지 살아남았고 저희만의 이름도 갖고 있어요. 체계도 중요하지만 결과가 보여준다고 생각합니다.

개인적으로 성장한 지점이라면, 아까 어머니와의 관계에 대해 '어머니도 아니고 사장님도 아니'라고 했잖아요. 시간이 지나면서 "나는 직원이 아니라 주인 아들이다. 사장님에게 무조건 '네'라고 대답하는 대신 반대를 하거나 내가 해야 할 일을 주도적으로 더 찾아서 하겠다. 이런 직원이 어디 있겠냐"며 저 스스로 주인의식을 찾아간 것 같아요.

맛부터 고객, 경영방식까지 '밸런스'를 파고든다

마케팅은 어떻게 하고 있어요? 예전에는 안 했고, 지금은 마케팅을 어떻게 접근해야 할지 고민하는 상황이에요. 저희는 이미 쌓아온 콘텐츠가 많으니 그것을 어떻게 활용해서 알릴 것인지와, 비수기와 성수기의 매출 차이가 크다 보니 내부운영 차원에서 뭐라도 해야겠다 싶어서 마케팅을 했달까요. 내부운영이란 비수기에는 아무래도 한가하다 보니 뭐라도 하는 걸 연습하는 거죠. 이제 배워나가고 있는 것 같아요. 요즘 유행하는 마케팅이 이런저런 거라 해서 몸에 안 맞는 옷을 입고 싶지는 않아요.

그럼에도 잘되는 이유는 무엇일까요? 뭐가 달라서일까요? 특별한 브랜드 철학 같은 건 없어요. 그저 손님도 우리 식구처럼 생각한다는 마음이에요. 다른 지역 분들은 '큰나무집' 하면 식당인지 건축회사인지 유치원인지 모르잖아요. 그런데 대구에서 큰나무집 하면 백숙집인 줄 다 알거든요. 그냥 백숙 잘하는 집이 아니라 저희 백숙을 먹으면 건강해진다고 느끼죠. 특별히 의도한 것도 아닌데 꾸준히 건강하다는 이미지를 쌓아온 거예요.

게다가 놀라운 건 손님들이 20% 정도 부족한 점은 의외로 신경 쓰지 않아요. 인테리어만 봐도 구석구석 마감이 덜 된 부분도 보이거든요. 손님들의 요구사항을 들어주다 보니, 혹은 그때그때 느낌에 따라 인테리어를 하다 보니 그런 거예요. 그 대신 음식이나 손님들이 결정적으로 원하는 것은 절대 놓치지 않고 집중해요. 전체적으로 볼 때 부족할지 몰라도 중요한 건 반드시 만족시키죠.

결국은 건강하고 맛있는 집밥, 백숙이 차별화 포인트네요. 일단 건강은 깔려 있어요. 저희도 초반에는 시장 닭, 육계를 쓰다가 토종닭으로 넘어왔고, 2006년엔가 일반 토종닭에서 우리맛닭이라는 좀 더 좋은 종자를 쓰기 시작했는데, 그때 매출이 6억에서 13억으로 뛰었어요. 저희가 딱히 마케팅을 한 것도 아니었는데요.

　소고기의 경우 채끝살, 안심, 등심처럼 부위별로 구분하잖아요. 닭도 종자로 구분할 수 있어요. 그런데 종자를 유지하는 게 소만큼, 아니 소보다 더 어려워요. 저희가 쓰던 품종도 유전자를 보존하지 못해서 많이 망가진 상태라 더 맛있는 닭으로 계량시켜 쓰고 있어요. 일반 닭이 45~60일 키운다면, 우리 닭은 110~120일 정도 키워요. 이 정도 키우려면 가격도 높아지고 폐사율도 높아져서 훨씬 까다로워요. 저희는 다른 닭의 1.5~2배 가격인 1만 3000원에 닭을 사요. 다른 집에서도 저희 닭을 쓰다가 포기해버렸어요. 원가가 너무 높아지니까요.

인스타그램에 '큰나무집백숙'이라는 해시태그를 검색해보면 젊은 엄마들이 찍은 사진이 많더라고요. 맛이든 뭐든 나름의 균형, 밸런스를 잡으려고 노력한 결과라고 생각해요. 백숙에 한약재를 넣는다고 하면 거부감을 느끼는 분들도 많아요. 일단 아이들이 먹을 수 있는지 따져야 하고, 자칫 한약 맛이 강하면 백숙의 맛이 사라지거든요. 그 약재의 비율을 저희가 잘 맞춰요. 아주 미묘한 밸런스의 차이인데, 가령 전복 백숙 같은 경우 전복 향이 너무 강하지 않게 능이로 맛을 잡아주고 한약재 맛도 숨겼어요.

정말 맛있는 샌드위치는 각자의 재료 맛이 나면서도 튀지 않고 조화롭잖아요. 저희 백숙도 그 균형감을 잡기 위해 노력했어요. 그러다 보니 젊은 층은 자칫 안 먹을 것 같은 메뉴인데도 고객의 세대 균형을 맞출 수 있었죠. 몸에 좋은 음식은 맛이 다소 덜할 거라는 인식을 깨기 위해 맛의 조화에 더 신경 썼고, 매장도 마찬가지예요. 그게 어머니와 저의 경영방식에서 어느 한쪽을 택하기보다 계속 밸런스를 찾으려고 고민하고 노력한 나름의 성과라 생각해요.

다양한 고객을 상대하면서 겪는 어려움은 없나요? 다양한 고객 때문에 서비스가 어렵다기보다 여름에는 대기하시는 손님이 정말 많아요. 게다가 백숙이라는 요리의 특성상 40분 넘게 걸리잖아요. 손님 입장에서는 예민해질 수밖에 없기 때문에 오더를 실수하지 않는 등 기본 서비스를 놓치지 말자는 게 최우선 목표예요. 그런 기본적인 것들을 잘 지켜내면서 친절한 모습을 보여드렸을 때 손님들의 신뢰를 얻겠죠. 나아가 순서를 기다리실 때 불안하지 않고 재방문 시 더 편안하게 이용할 수 있게끔 시스템화하고 싶은 욕심은 항상 있어요.

한결같음은
표준화가 아닌
업그레이드에서
나온다

성수기, 비수기의 매출이 확연히 다르다면 직원관리도 중요할 것 같은데요. 다행히 저희 매니저님이나 이모님들이 제가 고등학교 때부터 잘 지내온 분들이에요. 처음에 2명이 일했으니 매니저가 어딨어요, 그냥 다 이모라고 불렀죠. 부끄러운 얘기일 수도 있겠지만 어떤 면에서 보면 직원관리를 못하는 것 같아요. 다만 우리 직원들은 다들 주인처럼 일해요. 서비스 교육보다는 대화에 더 치중하고요. 모든 행동은 상식선에서 행동하길 바라는 사장님의 얼을 이어받아서 관리보다 관계에 치중합니다. 오죽했으면 제가 군대 있을 때 '큰나무집을 지켜주는 천사들'이라고 하면서 편지도 썼다니까요.

대신 비교적 덜 바쁜 찬바람 부는 계절에는 다가올 성수기를 대비해서 준비를 많이 하는 편입니다. 성수기와 비수기가 나뉘는 걸 저는 '투자'의 기회로 봐요. 매장을 손보고 새롭게 공사도 하고, 바빠서 하지 못했던 일들도 하고, 맛도 점검하고요. 사람들은 꾸준한 맛을 원하지만 저는 꾸준한 맛은 없다고 생각해요. 사람들의 입맛도 진화하거든요. 손님들이 저희 집에 오셔서 "이 집 백숙은 한결같이 맛있어"라고 하지만 저희는 백숙을 똑같이 만들어본 적이 없어요. 업그레이드를 꾸준히 해나가니까 20년 전이나 지금이나 맛이 같다고 느끼시는 거죠.

표준화의 의미가 다르게 들리네요. 뭐든 공장처럼 똑같이 생산하는 게 반드시 표준화는 아니라고 봐요. 공정은 체계화해야겠지만 닭이며 소스며, 약재며, 하다못해 쌀까지 모든 재료는 진화하거든요. 끊임없이 재료의 진화를 따라가야죠. 이런 관점에서 개인적으로 '음식 맛이 추억'이라는 말을 별로 좋아하지 않아요. 음식을 느낀 순간은 추억이 될 수 있지만 저는 추억도 좀 진화한다고 생각해요. 그래서 더욱더 입맛의 진화를 따라잡고 싶습니다.

이번 코로나19 때는 어땠어요? 비수기 수준인지, 그 이상의 충격이었는지? 처음에는 조용히 지나가나 보다 했어요. 그러다 외식업 하는 사람들끼리 강의 듣고 밥 먹고 있었는데 대구에서 31번째 확진자가 나왔다는 거예요. 이렇다 할 분위기를 체감도 못하고 다음 날을 맞았는데 세상에, 매출이 15분의 1로 떨어졌어요. 무조건 적자잖아요. 하루이틀 가겠지 싶었는데 상황이 심각해지더라고요. 그나마 저희는 임대료가 나가는 게 아니어서 타격이 덜하다고는 해도 비용을 따져보니 하루에 몇 백만 원씩 빠지는 꼴이었어요. 가족이 외식하러 오는 집이니까요. 그래서 적자를 메우려면 배달을 해야겠다 마음먹고, 제가 정기적으로 가는 모임에 백숙을 포장해서 갖다주면서 홍보를 부탁했어요. 그리고 경산으로, 대구로 차로 배달하러 다녔죠. 덕분에 가게 문은 안 닫고 계속 영업을 했어요. 조류독감 터졌을 때는 타격이 심했지만 그건 끝난다는 기미가 보였는데, 이번엔 좀 다르더라고요. 어쨌든 가장 힘들었습니다. 그나마 저희는 도시 외곽에 있어서 빨리 회복된 것 같아요. 전화위복이라 생각하고 매장도 여러 가지 정비를 했습니다. 바빴다면 또 바빴네요. 배달도 처음 경험해봤고요.

코로나를 계기로 포트폴리오를 다양하게 짜볼 생각은 안 했나요? 네, 이마트24라는 편의점이 있잖아요? 저희도 '큰나무집 배달'처럼 이름을 짓고 작은 죽집들을 만들어서 무겁지 않고 가볍게 먹을 수 있는 (본죽 같은) 유닛을 만들어볼까도 생각해봤어요. 임대료도 들어갈 거고 아직은 어렵지만요.

예를 들면 큰나무집 백숙이라는 브랜드를 활용해서 마켓컬리에 입점한다든지, HMR을 시도한다든지 하는 건 어때요? 간편식은 저희가 5년 전에 레토르트로 시작해서 지금은 냉동쪽으로 하고 있어요. 확실히 레토르트가 유통이나 재고관리도 쉽고 가격도 맞는데, 문제는 맛이 그만큼 안 나요. 그래서 냉동으로 전환해봤는데 약 80% 정도 맛을 구현해요. 지금은 큰나무집 자체 몰을 하고 있어요. 엄청난 목표라기보다는 건강한 브랜드를 사회에 헌정하고 싶은 마음이랄까요. 아직까지 수치적 접근보다는 정서적인 개념인 거죠. 남들은 좋은 브랜드를 만들고 싶어도 못 만드는데 우리는 시간의 힘으로 만들었으니 알리고 싶어요. 3~4년 되었고, 이제 길을 잡아가고 있는 것 같습니다.

해보니 온·오프라인 비즈니스의 장단점이 있나요? 온라인의 단점은 손님과 직접 체감하면서 소통하기 어렵다는 거예요. 고객이 먹으면서 감동하는 걸 직접적으로 체감할 때와 온라인에서 숫자로 확인할 때 쏟는 정성이 확실히 다른 것 같아요. 백숙이라는 메뉴의 특성도 있을 거예요. 백숙은 나왔을 때 "우와~" 하게 되는 비주얼이 있어요. 그런 반응을 직접 못 보니 아쉽죠.

무엇보다 저희는 오래오래 가는 브랜드가 되고 싶어요. 사실 편의점에 가면 가볍게 사먹을 수 있는 건강 죽은 이미 다 있어요. 그렇다면 온라인에서 어떤 차별화를 해야 하는가? 이게 제 과제예요. 자칫 확장하려다 저희가 가진 것도 잃을까 봐 조심스럽죠. 그래도 온라인이 대세이니 시도해야 한다는 필요성에는 크게 공감하고 실행하고 있어요.

닭이라는 흔한 재료, 가격이 아니라 품질을 높여 차별화한다

닭이라는 식재료 자체가 한국에서는 굉장히 유리하면서도 불리한 것 같아요. 전적으로 공감합니다. 한국 사람들은 웬만하면 닭을 좋아하죠. 그 호의적이라는 게 양날의 검처럼 작용해요. 선택지도 많고 닭집도 많고 경쟁이 치열하니까요. 소고기나 양고기처럼 비싼 돈을 받을 수 있는 음식도 아니고요.

그런데 생각해보면 저희가 닭이라는 재료로 엄청나게 고급화된 요리는 못하지만, 평균을 높였다고는 생각해요. 프리미엄 시장을 본 게 아니라 음식의 퀄리티라는 '평균'을 높인 거예요. 아까도 말했지만 비싼 닭을 쓰려던 게 아니고 좋은 닭을 쓰려다 보니 비싸졌어요. 많은 업체들이 도전할까 말까 고민하다 포기할 때 어머니는 계산기를 두드리지 않으셨으니 덜 남아도 된다는 마음으로 뛰어든 것 같아요. 저 역시 어머니가 하시는 걸 보면서 자꾸 따라가게 되고요. 다만 지표로 따졌을 때는 가성비가 너무 안 나와요. 엄청 고생했는데 성과가 1% 오르는 느낌이랄까. 다만 어머니 덕분에 저라는 사람의 그릇이 커질 수 있었다고 생각해요. 처

음에 어머니와 일할 때 제 생각이 깊어질 때까지, 제 그릇이 차오를 때까지 시간을 갖고 기다려달라고 부탁한 적도 있어요.

건강한 브랜드를 만들어서 사회에 헌정하고 싶은 꿈이 있다고 했잖아요. 브랜딩이란 뭐라 생각하세요? 예전에 《배민다움》이란 책을 보면서 '자기다움'이라는 키워드에 꽂혔어요. 무척 간단하고 심플한 말이잖아요. 우리도 분명 우리 콘텐츠를 갖고 있는데 더 진화하고 싶다는 갈망이 늘 있어요. 큰나무집 백숙이 건강하고 맛있는 집밥인 건 맞는데, 그렇게 정의해놓고 나니 단어 안에 갇히는 느낌이 들더라고요. 아직까지는 저에게 브랜딩이란 더 나은 브랜드가 될 여지를 남겨놓는 게 아닐까 싶습니다. 타협을 모르는 어머니와 제가 여러 면에서 균형을 잡아간다는 면에서도 그게 맞는 것 같아요.

하루 일과는 어때요? 일 말고 특별히 신경 쓰는 일과가 있나요? 아침 6시 반에 가는 모임이 있어요. 이업종 교류회인 '비엔아이'라는 모임인데, 친목을 도모하는 게 아니라 자기 비즈니스에 대해 40초간 발표를 해요. 나는 어떤 업을 하는 누구이고, 이런 프로모션을 하고 있다는 식의 발표죠. 다른 업계 사람들에게 제 사업 이야기를 매주 발표하니 열심히 살아야겠다는 생각도 들고, 뭔가 원동력이 되더라고요. 대놓고 영업하는 거니까 도움도 돼요. 다양한 사람들을 만나고 저라는 사람의 틀을 깨고 싶어서 참석하기 시작했지만, 그보다는 다른 면에서 자극을 받아요. 어릴 때는 약간 순하고 내향적인 성격이었는데 많이 바뀌었어요. 외식업자의 자질이 외향적이면 좋다고 생각하기 쉽지만 꼭 그럴 필요는 없다고 보거든요. 타인을 대하는 성향보다 자신의 어떤 점에 집중할 것인지가 중요하죠. 사업을 잘하는 사람들은 흔들리지 않고 자신을 파고드는 핵심 능력을 갖고 있어요. 자신의 능력치가 떨어질 때는 주변 사람들의 장점을 흡수하는 것도 능력인데, 이런 모임을 통해 에너지를 얻습니다.

성공이 뭐라고 생각하실지 궁금합니다. 사람마다 다르겠지만 전제조건은 성공은 행복과 떼어놓고 생각할 수 없다는 거예요. 다 이룬 것 같아 보여도 내가 행복을 느끼지 못하면 성공이 아니죠. 수십 억짜리 집에 살고 좋은 차를 타는 것 같은 기준보다, 오히려 꾸준히 달리고 싶은 원동력을 가진 사람이 되고 싶어요. 지금의 나에 대해서는 충분히 만족하지만 목표에는 만족하지 못하는 사람이야말로 진짜 성공한 사람 아닐까요.

닭백숙을 맥도날드처럼
손쉽게 만들어 파는 법

　네이버에 '닭백숙'을 검색하면 가장 먼저 나오는 것이 '닭백숙 끓이는 법'이다. 백숙은 집에서 만들어 먹는 건강한 음식이라는 이미지가 강하기에, 간편식을 추구하는 시대적 분위기에도 직접 조리하는 경우가 적지 않다. 백숙 조리법은 조금씩 다르지만 공통점은 적지 않은 시간이 걸린다는 점이다. 이는 닭백숙을 팔면서 내가 극복해야 할 점이기도 했다. 즉 시간도 걸리고 손도 많이 가는 닭백숙을 한정된 인력으로 제한된 시간에 많이 파는 전략이 필요했다.

　주방의 조리과정을 한층 간결하게 하고 싶었던 나는 일명 '맥도날드처럼 백숙 만드는 시스템'을 만들려 노력했다. '큰나무집 궁중약백숙'이라는 정성스럽고 손이 많이 가는 요리를 누가 와도 맛있고 안정적으로 서비스할 수 있도록 프로세스를 단순화하는 것이다. 여기에는 조리과정의 간소화뿐 아니라 멀리까지 일하러 와준 직원들이 일을 쉽게 할 수 있는 효율성도 포함된다.

평소 잘하는 음식으로 창업을 꿈꾸는 예비 창업자라면 조리 시스템을 얼마나 단순화할 수 있는지, 대중에게 간편하게 팔 수 있는 것인지를 점검해보자. 참고 삼아 큰나무집 궁중약백숙의 조리과정을 시스템화한 과정을 간략히 정리해보았다.

1. 재료 차별화 : 닭의 신선도

레시피를 단순화하면서도 맛을 지킬 수 있는 힘은 단연코 좋은 재료 수급에 있다. 큰나무집의 경우 '토종닭'을 쓰는데, 납품가를 낮추지 않는 대신 좋은 환경과 좋은 사료로 닭을 키워줄 것을 약속받는다. 닭을 운송할 때도 도계할 때에도 스트레스를 받아 품질이 저하된다. 이를 방지하기 위해 환경이 좋은 곳에서 닭을 키우고 인근의 소규모 도계장을 찾아 위탁했다. 신선도를 높이는 결정적 비결이다.

2. 조리시간 단축 : 사전 패킹과 계량화

백숙에 필요한 모든 재료를 계량해서 미리 패킹해둔다.

주문이 들어오면 닭과 계량된 쌀, 패킹된 부재료를 압력솥에 넣고 타이머를 누르면 끝! 전문 조리사를 채용하지 않아도 되기에 인건비를 줄일 수 있고 과정도 단순해진다.

3. 메인 메뉴를 빛내주는 조연 : 궁중장아찌과 궁중약백죽

유명 고깃집에 갔는데 곁들여 나오는 반찬에 실망한 적이 있을 것이다. 우리 매장에서는 따뜻한 성질인 백숙과 궁합이 맞는 차가운 성질의 궁중장아찌를 낸다. 무청, 다시마 등 제철에 나는 별의별 식재료를 동원해 30년째 직접 담는데, 백숙과의 궁합은 물론 궁중요리라는 컨셉과도 어울리는 사이드 메뉴다. 처음부터 의도한 것은 아니고 손님을 대하는 어머니의 정성에서 시작되었지만, 직접 만든 수제 반찬은 프리미엄 백숙의 퀄리티를 뒷받침하는 최고의 조연이자 효자상품이다.

4. 요리가 아닌 '요리법'을 판다 : 온라인 밀키트 판매

큰나무집이 지역에서 꾸준히 사랑받을 수 있었던 비결 중 하나로 외길을 지키며 백숙을 대접해온 주인의 정성을 꼽을 수 있다. 하지만 이는 온라인에서는 통하기 어렵다. 주인의 열정과 성의를 전부 보여줄 수도 없거니와 무엇보다 온라인 고객은 '가격'에 매우 민감하다. 처음에는 궁중약백숙을 제품화하여 온라인으로 팔고자 했으나 아무리 해도 매장에서 한 만큼의 맛이 나지 않았다. 적당히 타협해 확산시킬 수도 있었지만 자칫 어렵게 쌓아올린 브랜드 이미지가 훼손될까 염려되었다.

온라인은 포기해야 하는 걸까 고민하던 중, 요리가 아닌 '조리법'을 판다면 승산 있겠다는 생각이 들었다. 앞에서 말했듯이 닭백숙은 조리법이 네이버 검색어로 뜰 만큼 집에서 많이 해 먹는 요리다. 맛과 간편함을 보장한 밀키트라면 집에서 누구나 쉽게 백숙을 만들 수 있지 않을까? 이러한 판단하에 30년의 정성으로 완성한 비법과 24가지 한방 재료를 한데 담아 언제 어디서 누가 조리하든 맛이 보장된다는 점을 포인트로 내세웠다. 프로세스도 3단계로 간단하고 구체적이며, 밑간을 해두었기 때문에 소금을 따로 첨가할 필요도 없다. 같은 방식으로 닭볶음탕도 간편조리와 재료의 힘을 강조한 밀키트로 만들어 판매하고 있다.

이제는 어떤 사업이든 온라인과 오프라인을 떼어놓고 생각하기 어렵다. 우리 브랜드의 핵심 메뉴, 우리 매장에서 느낀 고객경험을 온라인에서도 재현할 수 있을지 꾸준히 기회를 찾아야 한다. 기발한 아이디어나 창의적인 전략을 세우라는 말은 아니다. 고객은 늘 새로운 것을 원하지만, 새로운 것은 결국 고객의 니즈에서 비롯되는 법이다. 답은 우리의 일상에서 발견하기가 더 쉽다.

"딱 꼬집어 말할 수는 없지만 장사하면
안 되는 사람이랄까 하는 미묘한 지점이 있어요.
대화를 해보면 욕심만 가득한 사람. 욕심의 종류도
여러 가지인데, 나만 생각하는 욕심이 있어요.
이런 성향은 결코 손님에게 베풀 수 없어요.
그러니 장사가 잘될 수 없죠."

[CHAPTER 7]

기준을 판다

홍의창 · 홍박사생고기 대표

30년 전 분당에서 시작해 2대째 한우 고깃집을 운영 중이다. 맛있는 고기를 누구나
싸게 먹을 수 있어야 한다는 아버지의 신념을 대를 이어 고수하고 있다. 재방문 고객이
60~70%에 달하며 전국에서 가장 많은 소고기 물량을 소화하는 식당 중 하나다. '베풀 수 없는
장사는 성공할 수 없다'는 마음가짐이야말로 외식업자가 갖춰야 할 필살기라 강조한다.

'홍박사생고기'라는 이름은 누가 지었어요? 박사라는 이미지가 기억하기 쉽고 좋은데요. 네이밍이 너무 좋죠. 아버지가 지으셨어요. 1992년쯤이니 28년 전인데 박사라는 칭호를 단 매장은 한 군데도 없었대요. 어린 나이에는 창피하기도 했는데 지금은 자랑스럽습니다.

아버지가 그때 장사를 시작하셨나요? 아버지가 장사를 많이 하셨어요. 열여섯 살에 이곳 성남에 혼자 오셔서 막노동부터 시작해 시장에서 과일도 팔고 생선도 팔고 온갖 일을 다 하시다가, 열심히 하니까 시장 한켠에 항상 망하는 가게 사장이 한번 해보라고 하셨대요. 처음 시작한 음식 장사가 김치찌개였는데, 그게 대박이 나셨대요.

시작이 고깃집이 아니었네요? 네, 아버지는 소고기 말고도 기사식당, 설렁탕집 외에 여러 가게를 하셨어요. 이유는, 음식을 팔면 밥을 먹을 수 있잖아요. 어디 나가서 고기 사먹을 돈은 없지만, 우리가 삼겹살 팔면 그걸 먹을 수는 있죠. 그런 발상으로 장사를 한 거예요. 너무 가난했으니까.

아버지는 소고기를 전혀 모르는 분이었어요. 돈은 한 푼도 못 벌어도 밥은 매장에서 먹으면 되고, 장사가 잘되면 남들에게 대우는 받고 살지 않겠냐, 이렇게 시작하셨어요. 아버지의 모토가 그렇다 보니 제게도 어릴 때 그런 걸 가르치셨어요. 장사를 하려면 어떻게 해야 한다는 방향성이 대부분 다 아버지 때부터 내려왔던 것들이에요.

구체적으로 기억나는 가르침이 있나요? 아버지가 하신 게 딱 '서민식당' 컨셉이었어요. 상위 몇 퍼센트를 대상으로 하는 장사가 아니라 대다수가 즐길 수 있는 고깃집 컨셉이었던 거죠. 삼겹살은 사람들이 부담 없이 먹는데 소고기는 되게 부담스러워하잖아요. 맛있는 고기를 제대로 먹을 수 있는 곳은 다 비싸요. 우리는 서민식당으로 가야 한다, 그러니까 상위 20%가 아닌 그 아래 80%를 대상으로 장사를 해야 한다는 거죠. 그거 좀 남겨서 뭐할 거냐, 약간 이런 컨셉이죠. 예전에도 항상 아버지랑 싸웠던 게, 대표는 저여도 가격을 못 올려요. 아버지께 1000원만 올리겠다고 하니 그것 좀 남겨서 뭐할 거냐고 하시더라고요.

아버지 장사 철학이 특별하시네요. 장사를 잘할 수 있는 방법이랄까, 아이디어가 아버지 머릿속에 꽤 많았어요. 공식 같은 게 있으신 거죠. 예를 들면 저희 집 장사가 잘되니까 옆에 소고깃집들이 막 생겨났어요. 똑같은 컨셉에 가격도 같고 그램 수도 비슷하게 맞춰서 내더라고요. 그러면 아버지는 600그램 주문에 650그램, 700그램을 줘버렸어요. 굳이 남들보다 더 많이 준다고 알리지도 않고 손님을 지키는 전략을 쓰신 거죠.

아버님을 이어 장사에 뛰어든 지 얼마나 됐나요? 부모님이 고깃집을 하시니 자연스럽게 하게 된 건가요? 10년 정도 됐어요. 이천점을 시작하면서 독립했죠. 자연스러운 결정이었습니다. 하기 싫은데 억지로 한 것도 아니고 엄청나게 하고 싶었던 것도 아니고, 가업이잖아요. 저희 집안을 일으킨 일이고, 제가 딴 데 가서 뭘 해도 이렇게 돈 벌 수 있는 건 없어요. 아버지가 잘 닦아놓으신 길이 있는데 제가 그걸 안 하면 할 사람이 아무도 없거든요. 감사한 마음으로 시작했습니다. 지금은 5개 매장 중 제가 본점과 이천점을 운영하고 있습니다.

**남들이
넘볼 수 없는
기준을 만든다**

홍박사생고기가 다른 곳들과 특별히 다른 시스템이 있는지 궁금합니다. 구매는 무조건 제가 해요. 제가 다른 건 안 해도 이거 하나는 되게 고집스럽게 지켜요. 고기는 무조건 제 손을 타야 한다고 생각해요. 안 그러면 항상 마음에 안 들어요. 제가 그냥 전화로 주문하면 무조건 탈이 나요. 아버지 때부터 되게 까탈스러운 게 고기 고르는 거였어요. 저는 몰랐는데, 고기를 찾으러 다니다 보니 저희 매장을 아는 업자들이 꽤 많더라고요. 처음엔 어딘지 밝히지 않고 그냥 다니면서 얘기해요. 그러면 "그 정도 물량을 발주할 곳은 우리나라에 세 군데 정도밖에 없는데?" 하면서 홍박사를 꼽더라고요. 홍박사는 워낙 까탈스럽다는 인식을 아버지 때 이미 쌓아놓은 거예요. 그래서 홍박사에 물건 넣는 게 쉽지 않다고 하더라고요.

고기를 얼마나 많이 소화하시는 거예요? 등심은 일주일에 20마리 이상 쓰고요. 갈비도 하루에 3마리 기준이니 일주일에 20마리 정도 되네요. 저희가 소 경매나 생우는 1년에 200마리 정도 잡아요. 등심하고 갈빗살 등은 부분육으로 따로 사는데, 이걸 항상 제가 챙기는 거죠. 도축한 지육(枝肉)은 중

개인을 거쳐야 살 수 있어서 그분들 통해서 사요.

소를 잡는 거랑 사는 건 어떻게 다른가요? 소를 잡는 건 말 그대로 소 한 마리를 통째로 사는 거잖아요. 그중 우리가 사용하는 것들 빼고 나머지는 설렁탕도 끓이고 냉면 육수도 내고, 정육점으로 팔아서 소화해야 해요. 매장이 잘된다고 해서 일주일에 20마리 넘게 막 잡을 수는 없는 거죠. 저희가 파는 고기 외에 별도로 소화해야 하는 양까지 감안하면 1년에 200마리 정도가 딱 저희 구조에 맞아요. 그래도 자체 소진으로 200마리를 한다는 게 말이 안 되긴 해요. 다른 데는 소화 못해요. 만약 재고가 쌓이면 냉장비만 더 들고, 생물이다 보니 유통기한이 지나면 다 버려야 하잖아요. 다른 매장에서도 도대체 200마리를 어떻게 소진하냐고 물어봐요.

그러면 대학 졸업하고 20대에 일을 배우신 건가요? 아버지는 처음부터 알려주는 스타일이 아니에요. 그냥 내다놓는 편이죠. 제가 어떻게 처음부터 칼질을 잘했겠어요. 요리하는 걸 좋아해서 기본 칼질은 많이 했지만, 소를 잡고 작업하는 칼질은 전혀 달라서 전문적으로 배워야 해요. 그런데도 아버지는 저를 가르치기보단 내놓으시더라고요. 네가 알아서 하라고.

처음에는 불판부터 닦고 설거지하고 나서 설렁탕 끓이는 걸 했죠. 아버지가 그 자리에 넣어놓으면 제가 알아서 배우려고 했던 것 같아요. 그리고 제가 사장이잖아요. 칼질 어떻게 하는지 알고 싶으면, 해보면 되죠. 원래 고기 작업하는 사람들은 일반 직원이 칼을 못 잡게 해요. 그런데 제가한 번 썰어보겠다고 나서면 그 사람들이 안 가르칠 수가 없어요. 고기를 망쳐도 내가 내 고기 망치는 거니까. 게다가 고기 잡는 실장이 갑자기 일을 그만두는 바람에 어쩔 수 없이 제가 칼을 잡고 썰기 시작했어요. 처음엔 엉망이었죠. 얇게 나왔다 두껍게 나왔다 아주 개판이었어요. 그러는 걸 아버지가 보셨어요. 하필 졸업 입학 시즌이라 손님이 오전부터 몰리는 바람에 물건이 부족해서 아버지께 급히 전화했거든요. 그런데 슥 보시더니 물건만 내려놓고 그냥 가시는 거예요. 씩 웃으면서 가요. 안 도와주시냐고 해도 그냥 "네가 알아서 해" 이러고 가버리셨어요.

얼마쯤 하니 손에 익던가요? 저는 3개월 정도 걸렸어요. 안할 수 없는 상황이어서 더 빨리 배웠죠. 그리고 바쁜 매장에서 일하면 일이 확 늘잖아요. 그때는 아침에 칼을 잡기 시작해서 뒤돌아서면 저녁 9시였어요. 그렇게 하니까 할 줄은 알겠더라고요. 그렇게 2~3년 구르고 나니 아버지가 이제부터는 저더러 고기를 사오래요. 그때부터 밖으로 다니기 시작했어요. 농협이랑 거래를 트고 싶어서 수소문해서 찾아가고, 마장동 업체들도 다니면서 소개를 받았죠. 조건이 괜찮으면 아버지한테 가서 검토해달라고 하고요. 처음에는 자꾸 안 된다고만 하시는 거예요. 왜인지는 말씀 안 하시고. 하도 답답해서 대체 왜 안 되냐고 물어봤더니 세부적인 이유를 말씀하시더라고요. 저는 뭐가 다른지 전혀 모르겠는데, 아버지는 나름대로 보는 기준이 있어서 그걸 하나하나 알려주셨어요. 잘 선택할 수 있게끔.

**박리다매로
돈을 벌려면**

질 좋은 고기를 싸게 판다는 건 전형적인 박리다매 전략인데요. 이 전략으로 돈을 벌려면 우리만의 필살기가 있어야 할 것 같습니다. 고깃집은 당연하게도 소값의 등락폭이 중요해요. 규모가 있는 곳은 특정 업체랑 계약을 맺고 1년 내내 비슷한 가격을 유지하잖아요. 하지만 저희는 도매로 움직이는 거여서 소값이 싸지면 우리 이윤이 많이 남고, 비싸지면 손해를 보기도 해요. 실제로 한 달에 4억 이상 팔았는데 5000만 원 적자가 난 적

도 있어요. 말이 안 되는 가격으로 팔다 보니 일어나는 일
인데, 1~2년에 한 번씩 꼭 그럴 때가 있더라고요. 소값이
떨어진다기보다는 경기가 주춤한다든지, 재고가 많이 쌓이
는 부위가 나올 때가 있어요. 소는 생물이잖아요. 기껏 소
를 잡았는데 만약 등심이 안 나가면 냉동을 칠 수도 없고,
어쩔 수 없이 떨이로라도 빨리 내보내야 돼요. 그 와중에도
계속 소는 잡아야 하고.

비행기표 땡처리 같네요. 출발 직전에 표값이 가장 싸니까요.
그런데 누구나 유통기한 막바지면 안 사요. 그래서 육가공
회사들은 '자칫하다간 다 재고로 떠안겠구나' 하고 신선한
물건들도 싸게 내보내야 하죠. 반대로 이때를 노려 매입을
많이 해야 합니다.

　가끔 이렇게 등심값이 폭락해서 떨이로 나오게 되면 억
단위 구매도 서슴지 않죠. 다만 이런 식으로 돈을 벌려면
매출이 원체 높아야 해요. 하루에 100만 원씩 파는 집이라
면 소값 좀 떨어졌다고 해서 얼마 남겠어요. 반대로 매출이
크면 평소에 10% 남기다가 확 떨어졌을 때 30% 남기면 그
한 달에 1년 치를 다 버는 거죠.

모험은 모험이네요. 홍박사생고기는 그게 되니까 박리다매 전

략을 펼 수 있는 거고요. 네. 그 기회가 반드시 한 번은 와요. 그리고 제가 잘하는 것 중 하나가 이 동향을 파악하고 소값이 떨어졌을 때 많이 사놓고, 올라갈 것 같으면 그전에 미리 사놨다가 올라가면 구매를 잠가버리는 거예요. 소를 막 사들일 때는 직원들이 힘들다고 난리죠. 그래도 그냥 계속 사서 잡는 거예요. 지금은 소를 사는 게 이로운지, 아니면 부위별로 사는 게 이로운지 판단하는 게 제 역할입니다. 이렇게 사놓으면 전국에 등심이 씨가 말랐는데 홍박사에는 있는 거죠. 그러면 다른 식당이나 정육점에서 전화도 많이 와요. 돈을 더 쳐드릴 테니 등심 좀 달라고. 그럴 때는 돈 1000원도 안 남기고 넘겨요. 이런 게 쌓이면 제가 힘들 때 도울 수 있는 곳이 생기거든요.

요즘에도 경기가 주춤해서 소고기를 덜 먹거나 할 때가 있나요? 소비패턴의 영향은 없고요? 소값을 움직이는 게 생각보다 많아요. 일단 국가정책으로 소를 풀지 말지가 정해지고요. 시즌에 따라서도 다르죠. 명절이면 무조건 소값이 오를 테니 한 달 전부터 미리 오르기 시작해요. 백화점이든 어디든 재고량은 가지고 있어야 되니까. 그러다 딱 명절 직전에 엄청 떨어져요. 명절 지나고 나면 가져갈 데가 없거든요. 그럴 때 저는 또 많이 사야 되죠. 물론 그 전에도 소값이 계속 오르기 전에 미리 사둬요. 일주일에 20마리가 필요하면 30마리씩 사서 재고량을 계속 늘려놓는 거죠.

어찌 보면 구매와 유통의 싸움 같은 거네요. 네. 그게 핵심이죠.

티내지 않는 명품 고기

홍박사의 주요 고객은 누구인가요? 오랜 단골손님들이 주 고객이고 요. 단골손님의 아들딸이나 지인 들. 그렇게 고객층이 움직이죠. 분 당, 성남 그리고 서울권에서도 많 이 오고 골프장 손님들도 많고요. 어플 같은 거 보면 재방문율이 나오잖아요. 저희 매장의 60~70%가 다 재방문 고객이에요.

요즘 음식점과 비교하면 되게 친절하거나 다정한 서비스는 아 니던데요. 결코 아니죠. 2명이서 테이블 12~13개를 치우고 세팅하고 카운터도 보다 보면 고기를 구워드릴 수 없어서 잘라드리기만 해요. 또 워낙 북적이기도 하고요.

낮은 가격을 생각하면 이해가 되기도 합니다. 제 생각에 박리 다매로 움직이는 매장의 서비스는 한계가 있는 것 같아요.

서비스를 높일수록 비용이 계속 올라가는 거잖아요. 자리도 넓찍해야 하고 그만큼 동선도 길어질 거고. 인건비를 고기값에 녹인다고 할까요. 저희는 반대로 고기값을 인건비에 녹인다고도 볼 수 있겠죠. 저희 예전 매장은 다른 테이블 손님들하고 등을 부딪치면서 먹었어요. 그 와중에 직원들이 "잠시만 비켜주세요" 하면서 발로 툭툭 치면서 움직이고. 요즘 그렇게 하면 큰일 나지만, 어찌 보면 그런 분위기에서 부대끼며 먹는 맛도 좀 있는 것 같아요.

소비자 입장에서 볼 때 몇 년 전까지는 맛있고 가격 괜찮으면 그냥 먹었는데, 요즘 서울 시내 고깃집을 보면 독특한 컨셉을 내세우는 게 트렌드인 것 같습니다. 이제 고깃집도 마케팅은 무조건 수반해야 하더라고요. 식당 대표들끼리 하는 푸념이 있어요. 예전에는 맛있게만 하면 손님들이 알아서 찾아줬는데 이제는 아니에요. 대중은 이미지로 보여지는 걸 되게 좋아해요. 고객이 찍을 수 있는 포인트를 적어도 5~6개 정도는 만들어놔야 해요. 억지로라도 만들어야 해요. 고기는 어떻게 해야 사진 찍기 좋은지, 불판은 어때야 찍기 좋은지, 조도는 어때야 하는지, 벽에다 뭘 새겨 넣을지. 모든 게 다 사진 찍기 좋은 것에 맞춰지는 거죠. 이런 식으로 SNS 마케팅이 움직이는 것 같더라고요. 제가 아는 대표님들은 그래도 맛을 먼저 잡고 나서 마케팅도 같이 가는 거라고 생각하지만, 요즘은 절 찾아오시는 분들 중에 고기 얘기는 하나도 안 하는 경우도 있어요.

'내가 서울에 고깃집을 낸다면 이렇게 해보고 싶다고 생각해본 적은 없으세요? 저도 서울에 나가고 싶어요. 그런데 이른바 고깃집 트렌드에 대해서는 생각이 조금 달라요. 만약 제가 서울에서 고깃집을 하면 진짜 편하게 먹을 수 있는 곳이 될 거예요. 힘을 더 빼야 한다고 생각하고, 기본에 더 충실해야 한다고 생각해요. 힘을 주다 보면 인테리어를 몇 번씩 바꾸기도 하는데, 저는 그게 다 비용이라 생각하거든요. 저희 아버지도 그러셨어요. 인테리어 같은 건 투자가 아니라 지출이라고. 똑같은 돈을 쓸 거면 지금 찾아주는 손님에게 투자하면 그 손님이 다른 손님을 데리고 와요. 몇 년을 그렇게 하면 사람이 꽉 차는 매장을 만들 수 있어요. 그게 투자죠. 제가 만약 고깃집을 차린다면 다른 비용은 다 줄이고 손님에게 베풀 수 있는 매장을 만들 거예요. 결국 지금 이 컨셉에서 크게 벗어나지 않는 구조로 움직일 것 같네요.

프랜차이즈를 할 생각은 없나요? 가맹 문의가 많이 오긴 하는데, 소고기는 프랜차이즈를 하면 안 되는 업종이라고 생각해요. 돼지는 한 번에 10마리씩 낳기도 하고 3개월 뒤면 반출이 돼요. 그런데 소는 사람하고 똑같이 10개월 만에 낳고 그것도 한 마리예요. 그런 다음에 30개월이 지나야 우리 식탁에 오를 수 있어요. 아무리 잘 키우려고 해도 잘 크지도 않아요. 그리고 삼겹살 드시면서 등급 같은 걸 일일이 따지지는 않잖아요. 암돼지인지 거세인지도 모르고. 그런데 소는 등급이 되게 세세해요. 30개월 동안 어떻게 자라느냐에 따라 품질이 너무 달라지고. 물론 내가 비싼 돈 주고 좋은 것만 먹겠다고 하면 문제는 없어요. 하지만 그런 고급형 프리미엄 모델이 프랜차이즈로 여러 군데 있으면 사람들이 갈까요? 절대 안 간다는 거죠. 그리고 상위 몇 퍼센트만 고객층이라면 애초에 프랜차이즈가 될 수 없잖아요. 비싸고 좋은 고기를 먹을 수 있는 고깃집 모델은 다양해요. 그런데 저희 매장처럼, 좋은 고기를 저렴하게 구할 수 있는 곳은 정말 적거든요.

우리 매장에서 1년에 200마리를 잡고 일주일에 20마리 이상 되는 등심과 갈비를 구하는데, 매장이 더 늘어나면 40마리, 50마리가 필요할 거 아니에요. 가맹을 또 주면 그만큼 또 구매해서 보내야 하잖아요. 저는 20마리를 가장 좋은 걸로 샀는데, 30마리를 더 구매한다고 하면 20마리보다 안 좋은 것들이 들어오겠죠. 이걸 누군가에게 주거나 내가 써야 하고요. 그러면 우리 브랜드의 가치는 떨어질 수밖에 없어요. 이건 지켜야 해요. 확장하는 대신 나는 가장 좋은 고기를 가져오겠다는 거죠.

프랜차이즈가 아니라면 오피스가에 실속 있는 소고기 식당을 열거나, 반대로 한우 프리미엄 오마카세를 하는 모델도 있는데요. 이처럼 소고기로 비즈니스 모델을 바꿔볼 생각은 없으신가요? 오피스 상권의 박리다매형 모델이면 회전율이 좋겠죠. 그런데 고기는 조리되어 나오는 게 아니라 구워서 먹어야 하고 우직하게 앉아서 먹어야 해요. 최근에 혼술, 혼밥 이야기가 많이 나오는데 오피스 상권에서 1인식으로 움직이는 건 스테이크집은 가능해도 고깃집은 아닌 것 같아요. 하겠다고 하면 저는 말려요. 혼밥, 혼술족이 아무리 많아져도 가족이 같이 오고 회사원들이 와서 여러 명이 먹을 수 있는 곳에서 장사해야 한다고 봐요. 1인식이 안 좋다는 게 아니라, 좁은 길을 굳이 갈 필요가 없는 거예요.

우리나라 고기 소비율이 돼지고기가 37% 나오거든요. 그리고 닭고기가 30%, 소고기는 28% 정도 돼요. 그러면 삼겹살집이 너무 많고 경쟁이 치열하다고 하지 말아야 할까요? 많은 데는 이유가 있죠. 40% 가까이가 돼지고기를 먹는데 당연히 많아야 하는 거예요. 그래야 길이 더 열리고. 확률적으로 더 좋잖아요. 다수가 먹는 고기니까. 그런데 비교적 적게 소비하는 소고기를 팔면서 심지어 하이엔드급, 즉 프리미엄급 고깃집을 한다고 하면 그 소비층 안에서도 더 소수의, 고급 소비층을 찾아야 하는 거예요. 브랜드 가치만 올려놓는 거죠.

브랜드 가치를 이야기했는데, 본인이 생각하는 브랜딩이란 어떤 건가요? 브랜딩을 할 때 사람들이 뭔가 이유를 만들고 스토리를 만들잖아요. 그런데 저는 이름이 너무 멋져서 사람의 기억에 남게 만든다고는 생각하지 않아요. 사람들이 지속적으로 많이 찾다 보면 설령 너무 새롭고 귀에 잘 안 붙는 이름이어도 시간이 지나면서 브랜딩이 되고 이름이 되는 것 같거든요. 한마디로 브랜딩은 그냥 시간이 지나면서 쌓여가는 거라고 생각해요. 요즘 트렌드는 억지로 스토리를 짜서 만드는 느낌이 들어요. 저는 그보다는 고기, 즉 본질에 더 신경 써야 한다고 봅니다.

지금 사업과 어울리네요. 좋아하는 브랜드가 있어요? 티 안 나는 명품 브랜드를 좋아합니다. '나 구찌야, 나 루이비통이야' 하고 외치는 브랜드보다 자재나 품질 스펙이나 제품에 능력이 좋아서 오랫동안 사랑받아온 브랜드를 좋아합니다.

홍박사생고기와도 일맥상통하는데요. 고기맛은 진짜, 본질은 명품이지만 티내지 않는 브랜드잖아요. 오, 그렇네요. 맞아요. 너무 유명한 건 왠지 싫더라고요.

베풀 수 없으면 장사로 성공할 수 없다

외식업에서 최근 실감하는 변화가 있다면요? 아까도 말했지만 맛만 있으면 된다고 생각했던 것에서, 지금은 뭔가 공식처럼 수반해야 하는 것들이 여러 가지 생겼어요. 그러면서 보여주기식 매장이 많이 생긴다는 느낌을 확실히 받아요. 음식의 본질에 충실해야 하는데 그것만으로는 안 되는 분위기인 거예요. 한편으로는 선수들도 많아진 거죠.

필요충분조건을 다 갖춰야 하는 시대인 것 같아요. 예전에는 동네에 있는 아무 식당에나 가서 먹어도 상관없었다면 요즘에는 선수도 많아지고 사람들 눈도 높아져서 같은 값이면 더 좋은 곳에 가서 먹잖아요. 장사하기 더 힘들어진 거죠. 어지간히 잘해서는 티도 안 나고요.

대표님은 장사도 잘하고 비즈니스도 잘하시는 것 같은데요, 장사와 비즈니스의 차이는 뭐라고 생각하세요? 비즈니스가 뭔지는 잘 모르겠어요. 저는 지금까지 사업이 아니라 장사를 했다고 생각하고, 아마 끝까지 장사꾼일 것 같아요. 장사랑 사업의 차이를 따진다면… 뭐랄까, 판단의 기준? 그 기준이 사람이냐 숫자냐 구조냐일 것 같아요. 저는 굳이 구조를 만들기보다 사람들이 편안하게 생각하고 쉽게 움직일 수 있는 환경을 만드는 게 좋아요. 가령 경리를 두면 경리 월급이 나가잖아요. 회사를 운영하면 회사 차원에서 돈이 나가죠. 저는 그런 것들이 그냥 손님한테 다 가야 한다고 보는 거죠. 굳이 조직을 만들고 경영해서 수치를 따지는 것보다 그걸 손님에게 돌려준다, 저는 그게 장사라고 생각하고 제가 잘한다고 느껴요.

판단 기준이 명확하시네요. 장사의 기준이 사람이라면 사람 때문에 힘들 때는 없나요? 예전에는 있었고 지금은 없는 편이에요. 제가 매장에서 일할 때는 작은 것 하나까지 다 신경 쓰니까 진짜 사람에게 치이더라고요. 직원에게 치이고 손님에게 치이고. 아직 장사에 어수룩하니 절 가지고 놀려는 사람들도 있어서 스트레스 쌓이고. 사람 사이에 별의별 일이 다 생기잖아요. 그런데 어느 순간부터 굳이 이 작은 것까지 스트레스 받아가며 움직일 필요가 없다는 생각이 들었어요. 돈으로 해결되는 거면 차라리 돈을 줘버리자, 그러면 내가 스트레스 안 받는 거예요. 스트레스를 줄이려고 노력해야지 내가 자꾸 찾아다니며 스트레스를 만들면 안 되겠더라고요. '그럴 수도 있지. 다 이유가 있겠지'라는 생각을 갖고 편하게 내려놓는 거죠. 한 번 그 마음을 먹으면서 되게 편해졌어요. 전에는 아껴보려고 실랑이도 했는데, 원하는 게 확실하면 줘버리는 편이에요. 한 번은 손님한테 무릎 꿇은 적도 있어요. 너무 억울해서 손이 떨리더라고요. 그래도 그런 식으로 좀 내려놓으니까 스트레스는 많이 줄었어요. 이제는 그런 일이 있으면 직원들이 오히려 더 성을 내요.

외식업하는 사람에게 필요한 자질 같은 게 있다고 생각하시나요? 정의하긴 힘든데, 딱 보면 나오거든요. '장사하면 안 돼. 해도 무조건 망해' 싶은 사람이 있어요. 진짜 망해요. 이게 자질이라기보다는, 장사해서는 안 되는 사람이랄까 하는 미묘한 지점이 있어요. 대화를 해보면 욕심만 가득한 사람. 욕심의 종류도 여러 가지인데 나만 생각하는 그런 욕심이 있어요. 이런 성향은 결코 손님에게 베풀 수 없어요. 그러니 장사가 잘될 수 없죠.

어떤 기준으로
고객에게 어필할 것인가?

모든 외식업이나 창업이 어렵겠지만 고깃집은 유독 손님들이 자기만의 가격적정선을 책정하고 따진다는 점에서 까다로운 면이 있다. 다른 음식처럼 1인분만 먹고 끝나는 메뉴가 아니기도 하고, 저마다 자주 가는 단골집과 가격의 기준이 있기에 다른 고깃집에 가면 자신도 모르게 가격이나 품질을 평가하는 것이다. 게다가 다양한 컨셉의 고깃집이 늘어나면서 손님들의 취향 역시 점점 세분화되고 있다.

그럴수록 어떤 기준으로 고기를 팔 것인지, 어떤 기준으로 서비스할 것인지 정한 후 고객을 설득할 수 있어야 한다. 외식업 예비 창업자들이 세워야 할 기준에 대해 나는 다음과 같이 조언하곤 한다.

팔고 싶은 맛의 기준을 정한다

홍박사생고기는 이름에서 알 수 있듯 숙성고기가 아닌 그 주에 나온 신선한 '생고기'를 파는 곳이다. 고기에도 트렌드가 있는데 최근의 유행은 육질이 연한 숙성육을 선호한다. 반면 홍박사생고기가 추구하는 맛은 어릴 적 시골에서 키우던 소를 잡아 구워 먹던 그 맛이다. 쌀을 씹으면 단맛이 나듯 고기도 씹으면서 육즙과 풍미가 느껴져야 맛있다고 판단했고, 냉장숙성보다는 시골에서 먹던 옛날 고기맛을 택해 그 맛을 손님들에게 인식시키기 위해 노력했다. 고기와 함께 내는 반찬들도 최대한 고기 맛에 영향을 미치지 않게끔 구성한다.

미끼상품과 수익상품에 대한 기준을 정한다

홍박사생고기의 주요 메뉴는 갈빗살과 등심인데, 단적으로 비교해 등심은 작업하기 쉽고 마진도 높은 반면 갈빗살은 원가도 높고 작업하기도 어렵다. 당연히 상대적으로 수익구조가 좋은 등심을 더 많이 팔아야겠지만 현실은 그 반대. 그렇다면 수익 좋은 등심을 포기하고 갈빗살을 지금보다 더 많이 팔아야 할까?

그렇지 않다. 매장에 만족하지 못하고 간 손님은 다시 안 오더라도, 기다리다 돌아간 손님은 아쉬워서 다시 올 수 있다는 것이 내 생각이다. 이런 생각에 우리는 갈빗살을 우리 브랜드의 미끼상품, 등심을 수익상품으로 만들었다. 더구나 갈빗살조차 다른 곳보다 압도적으로 싸고 맛있어서 다른 곳에서는 먹기 어려운 음식으로 인식시킨다면 이 전략은 성공이다.

이 전략은 명절 등에 나가는 선물세트에도 적용할 수 있다. 사골이나 꼬리 등 다양한 세트를 만들 수 있는데, 그중 가격을 크게 낮출 상품을 하나 책정해두고 수익률이 낮더라도 그것을 밀면 된다. 고객에게 우리의 가격기준을 파는 셈이다. 손해 보는 것 같아도 고객의 가격선호도를 만족시킨다면 충분히 성공할 수 있는 전략이다.

무엇을 어디까지 서비스할지 기준을 정한다

점점 절감하는 사실인데, 요즘 외식은 단순한 음식장사가 아니라 종합 엔터테인먼트의 개념이다. 하지만 고객을 끌어들이는 매장도, SNS로 자신을 표현하는 고객도 사진으로는 맛이나 냄새를 표현할 수 없으니 대안으로 인테리어나 매장 분위기로 어필한다. 이때에도 기준이 필요하다. 음식 맛 외에 무엇으로 고객을 끌어들일 것인가?

이때는 자신의 상황을 고려해 고객에게 무엇을 더 주고 무엇을 얻을지 기준을 세워야 한다. "싼데 맛도 있어", "비싸고 맛있어", "맛은 평범하지만 분위기는 맛있어" 등 사람들이 고깃집을 평가하는 기준을 떠올려보고 어떤 모델을 취할지 정하는 것이다. 가령 고기를 비싸게 팔되 인테리어를 제대로 하고 와인 콜키지를 무료로 하거나, 노포 같은 분위기에 고기값을 상대적으로 낮게 받는다면 그 니즈에 맞는 고객을 확보할 수 있을 것이다. 스스로 내세울 강점을 정하지 못하면 장사하면서 이도저도 아닌 상황에 내몰릴 수 있다.

반대로 자신의 기준이 확실하면 상황에 따라 적절히 판단하고 조정할 유연성이 생긴다. 실제 홍박사생고기도 본점이 아닌 이천에 들어갈 때는 기존의 강점인 고기맛의 기준은 조금 내려놓고 더 낮은 가격에 집중했다. 지역상권의 고깃집은 고기맛을 따지는 손님들이 온다기보다 동네 주민들이 모여서 먹고 즐기는 곳이기 때문이다. 가격을 앞세워 홍박사생고기의 강점을 인식시킨 후에는 본연의 우리 스타일로 끌어들일 수 있었다.

비용절감보다는 일의 선순환에서 기준을 찾는다

홍박사생고기의 가격전략이 누구에게나 적용되는 것은 아니다. 우리만의 유통방식 덕분이기도 한데, 더러는 이를 단순히 규모의 경제라 치부하는 것 같다. 그러나 낮은 가격 덕에 손님이 많아져 재고가 **빠르게** 소진되고, 그에 따라 신선한 고기를 더 좋은 가격으로 들여오는 것은 규모의 경제라기보다 일종의 선순환이라 표현하고 싶다. 이런 관점에서 보면 규모가 작은 고깃집에서도 나름대로 적용해볼 여지가 생긴다. 메뉴를 간소화하는 것도 그중 하나다. 처음부터 지나치게 다양한 메뉴(고기 부위)를 팔 경우 재고처리가 어려워지고 선순환 구조에서 멀어지게 된다.

이러한 맥락에서 예비 창업자들에게 해주고 싶은 조언은 사소한 자재까지 지나치게 비용을 따지기보다 일의 선순환을 최우선으로 생각하라는 것이다. 나 역시 처음에는 들어가는 비용을 일일이 계산했지만 그러다 보니 손님에게 베풀 수 있는 여지도 줄어들고 수익구조를 단순화하기도 어려웠다. 반면 일의 선순환을 우선순위에 두어 생각하면 새로운 기준이 눈에 들어온다. 사소해 보이지만 중요한 것들인데, 이를테면 요리를 편하게 할 수 있도록 주방의 구조를 바꾸거나 서비스 동선만 신경 써도 일은 훨씬 단순해지고 인건비도 절감되며 보이지 않는 비용을 줄일 수 있다. 일하는 사람들이 편하게 일하면서 비용도 줄어드니 최고의 선순환인 셈이다.

"피자는 밥집처럼 매일 먹는 음식이 아니고,
가끔 먹는 특별한 외식의 개념이잖아요.
저희처럼 자주 먹지 않는 음식을 판다면
모객의 수가 큰 곳에 있어야 해요.
1년에 한 번 먹는 음식을
작은 동네에서 팔면 힘들죠."

[CHAPTER 8]

상권을 판다

박형식 · 피자플리즈 대표

스물네 살에 '마당치킨'이라는 브랜드로 외식업에 뛰어들었고 '비해피더키친', '떡후',
'피자플리즈' 등의 브랜드를 운영하고 있다. 음식 자체에 특별함을 담는다면 개인 브랜드도
대기업이나 프랜차이즈를 능가하는 매장을 만들 수 있다고 믿는다. 새로운 메뉴 개발과
음식에 대한 열정으로 TV 프로그램 〈생활의 달인〉에 시카고 피자의 달인으로 소개된 바 있다.

본격적인 사업은 언제 시작하셨나요? 처음에는 치킨으로 시작했어요. 아버지가 치킨 염지하는 공장을 하셨는데, 제가 군대 전역할 때쯤 아버지께서 췌장암 말기 진단을 받으셔서 얼떨결에 공장을 물려받았죠. 조그마한 공장 정도로 생각하시면 돼요.

순조롭지는 않았어요. 고등학교 때 아버지 사업이 잘못돼 빚이 몇 억 있었고, 공장 부채도 2억 정도 있었거든요. 공장에서도 매출은 나는데 순수익이 거의 없더라고요. 가맹점 매장이 돈을 더 많이 벌고, 저희는 이자 내기 바쁘고. 1년 넘게 살다가 아예 우리가 지점을 차리자고 마음먹었어요. 마침 지금 이 매장 1층이 치킨집이었는데, 저희더러 인수하겠냐는 제의가 왔어요. 그런데 저희가 돈이 없잖아요. 온갖 대출을 받고도 모자라서 나머지 돈은 매달 조금씩 주기로 하고 인수했어요. 원래 빚에 빚이 또 생긴 거죠. 다행히 3개월 만에 흑자 전환해서 매출이 나기 시작했어요. 제가 스물여섯 살 때예요.

우여곡절이 있었네요. 다행히 공장은 공장대로, 직영점은 직영점대로 수익이 나기 시작하고, 그러다 보니 프랜차이즈 모집도 더 잘됐어요. 그렇게 계속 빚을 청산했죠. 그다음에 '비해피더키친'이라는 팬스테이크 레스토랑을 이 자리에서 오픈했습니다. 주물팬에 스테이크를 내놓는 매장인데, 꽤 초창기였죠.

> **브랜드는 연예인, 고객은 팬**

팬스테이크 레스토랑을 열 때, 내 브랜드를 만들고 싶다는 마음이 있었나요? 그렇죠. 서른 살 되기 전까지의 목표 중 첫 번째가 빚을 다 청산하는 거였어요. 그리고 내 브랜드를 만드는 것이고요.

브랜드를 만들고 싶었던 이유는 그게 더 재미있게 느껴져서예요. 어릴 때부터 남들과 다르게 하는 걸 좋아했어요. 옷을 입어도 남들과 다른 거. 아무리 좋아도 남들이 다 하기 시작하면 저는 또 다른 걸 했어요. 유행에 한 발짝 정도 앞서가고 싶었달까. 제가 먼저 한 게 유행하면 희열도 있고요. 그래서 고등학교 때는 옷이랑 신발 같은 것들도 해외에서 샀어요. 해외에서 들여온 것들을 온라인으로 팔기도 했고요.

그럼 브랜드가 뭐라고 생각하세요? 브랜드는 하나의 인격체라고 생각해요. 연예인 같은 존재죠. 연예인은 저마다 색깔이 있잖아요. 그리고 누구는 핫하게 떴다가 가라앉기도 하고, 누구는 유명하지 않다가 갈수록 깊이를 더해가기도 하고. 브랜드란 인격체나 다름없어서, 어떻게 키우느냐에 따라 달라진다고 생각해요. 그러니까 여기서 일하는 사람은 매니저고, 저는 전체 관리를 하는 사람이니 엔터테인먼트 대표인 거죠. 우리가 이 매장을 어떻게 이끄느냐에 따라 롱런하느냐, 반짝하고 마느냐, 아니면 뜨지도 못하고 죽느냐가 결정되겠죠. 고객을 만드는 과정은 팬을 만드는 과정과 똑같아요. 그래서 그 팬을 어떻게 만들 것인가를 굉장히 열심히 고민했어요. 지금은 음식에 더 뾰족하게 집중하고 있고요.

팬을 만드는 것과 음식에 집중하는 것에는 어떤 차이가 있나요? 음식은 여러 요소 중 하나죠. 옛날에는 음식도 당연히 맛있어야 하고, 인테리어나 서비스도 최고여야 하고, 가격도 싸야 하고, 그런데 원가는 많이 써야 하고, 이런 것들을 다 충족하려고 했어요. 하지만 지금은 제가 만들고 싶은, 표현하고 싶은 음식을 만들어요. 가격도 거기에 맞게 책정하고요. 남들보다 조금 더 나은 음식을 만들고, 그 음식을 경험하고 이해하고 좋아해줄 만한 고객을 생각하는 거죠. 물론 적정선은 있을 테고, 고객과의 접점도 찾아야죠. 브랜드를 만들 때도 접점이 있다고 하면 오픈하고, 안 맞는다 싶으면 시기를 기다렸어요. 내 역량평가도 중요해요. 내가 할 수 있는 건 하고, 내가 할 수 없는 것들은 남 주고요.

브랜드는 하나의 인격체, 연예인이라고 했는데 어떤 연예인으로 브랜드를 키워가고 싶나요? 매년 바뀌었어요. 옛날에는 핫한 라이징스타를 꿈꿨는데 지금은 가수로 치면… 아이유 같은 브랜드를 만들고 싶어요. 독보적이고, 앞으로도 잘할 것 같고, 기복이 없잖아요. 배우라면 공유처럼 계속 꾸준히 하는 브랜드를 만들고 싶고요. 왜 아이유나 공유를 예로 들었냐면, 정점에 있으면서도 왠지 주류 속 비주류 같은 느낌이거든요. 그래서 리스크가 덜하면서도 매력을 잃지 않는, 뻔하지 않은 연예인이라는 느낌이에요. 제 브랜드도 그렇게 만들고 싶고요.

예전부터 꾸준한 브랜드를 추구했나요? 최근 1~2년 사이에 생각이 많이 바뀌었어요. 제 성향 따라 매장도 똑같이 변하더라고요. 처음에는 20대 초중반을 위한 매장을 만들었어요. 그런데 저도 나이를 먹다 보니 20대 초중반이 가는 매장을 잘 안 가게 돼요. 그런 곳은 변화가 너무 빨라요. 저는 변화가 점점 싫어지는데. 요즘에는 옷도 한 가지만 입는 걸 좋아해서, 청바지도 진청만 계속 입게 되더라고요. 물론 같은 진청이어도 어떤 건 이만큼 찢어졌고 어떤 바지는 두 줄 찢어졌고, 이 차이만으로도 충분히 달라지잖아요. 우리 매장에 오는 사람들이 그런 사람들이지 않을까 생각했어요. 빨리 변화하는 매장으로 장사할 것인지 묻는다면 아니라고 할 것 같아요. 그래서 제 외식업의 정점은 추어탕집이 되지 않을까 하는 생각도 해요.

상권의 한계를 뛰어넘는 전략

팬스테이크 가게가 지금의 피자집으로 바뀌기까지 어떤 과정을 거쳤나요? 팬스테이크집은 웨이팅이 1시간 넘는 매장이었고 하루에 600만 원씩 팔았어요. 그런데 제가 경영을 잘 모를 때라 직원관리를 매그럽게 하지 못했어요. 그러다 문제가 생겨서 직원을 내보냈는데, 이미 매장이 많이 망가진 뒤라 나머지 직원들도 한 명만 빼고 다 정리하고는 그냥 문을 닫아버렸어요. 그리고 뭘 할까 고민을 시작했죠. 2명이서 할 수 있는 걸 꼽아보니 그동안 내놓던 스테이크, 샐러드, 파스타, 피자 중에 피자밖에 없겠더라고요. 우리 피자가 맛있기도 했고요. 그렇게 시작된 게 피자플리즈예요. 2017년 〈생활의 달인〉에 소개될 때 '피플즈'로 나와서 피플즈라는 이름이 더 유명하긴 해요. 애칭으로 손님들이 줄여 부르던 이름이에요. 이게 벌써 6년 전이네요.

피자플리즈라는 네이밍은 어디서 착안했어요? 예전에 미국에 갔을 때 커피플리즈라는 매장에 가본 적이 있어요. 그 매장의 인테리어며 공간이 주는 바이브가 너무 좋았거든요. 그리고 '플리즈'가 '주세요'라는 뜻이잖아요. 이런 것도 좋아서 나중에 써보고 싶다는 생각에 피자플리즈로 지었어요. 그리고 피자플리즈라고 하면 고객들도 피자집인 줄 딱 알아보시잖아요. 아이덴티티가 명확하죠.

같은 자리에서 아이템을 바꿨는데, 상권에 대한 고려는 없었나요? 상권을 따질 상황이 아니었어요. 그 매장에서 해결해야만 하는 상황이었어요. 사실 이곳이 술집 상권이라 피자하고는 좀 안 맞아요. 실제로 지나가다 저희 매장에 들어오는 손님들은 별로 없어요. 갑자기 매장을 처음 오픈했을 때가 생각나네요. 오픈 첫날 포스 마감이 안 됐어요. 매출이 0원이면 포스 마감이 안 된다는 걸 그날 처음 알았어요.

고객의 방문율을 높이는 방법은 사실 간단해요. 자주 먹는 음식을 팔면 되죠. 하지만 피자는 밥처럼 매일 먹는 음식이 아니고, 가끔 먹는 특별한 외식의 개념이잖아요. 그래서 자주 먹지 않는 음식을 팔려면 모객의 수가 큰 곳에 있어야 해요. 강남이나 관광지 같은 곳이요. 1년에 한 번 먹는 음식을 모객이 작은 지역 상권에서 팔면 힘들죠. 그런 점에서 지역 술집 상권은 최악이라고 할 수 있죠.

'최악의 상권'이라고 하셨는데, 비슷한 상황에 놓인 자영업자가 적지 않을 것 같습니다. 상권의 열악함을 어떻게 극복하셨어요? 자주 먹을 수 있는 서브 메뉴를 냈죠. 명품 화장품도 립스틱은 저렴하잖아요. 단, 그러려면 대표메뉴와 연관성이 있어야 해요. 저희는 1인분짜리 피자를 만들어서 재방문율을 높였어요. 가볍게 즐길 수 있는 메뉴를 만들어 재방문율을 높인 거죠. 만두전골집에서 만두만 시켜도 되듯이.

시카고 피자라는 트렌디한 아이템으로 6년 이상 유지해온 비결이 뭘까요? 원래 시카고 피자가 메인은 아니었어요. 뉴욕 피자와 시카고 피자 두 가지였는데 뉴욕 피자는 대형 피자고, 조각으로 팔았어요. 이거랑 같이 가볍게 맥주 마시는 곳이었거든요. 말하자면 피맥집인 거죠. 그래도 피자 만드는 기술이 있고, 무엇보다 자신 있는 게 치즈여서 시카고 피자도 같이 한 거죠. 조각 피자보다 시카고 피자가 이슈화가 더 잘될 것 같았어요. 그때만 해도 시카코 피자처럼 치즈가 주욱 늘어나는 피자를 경험한 사람이 별로 없었거든요. 다행히 그 전략이 맞아떨어져서 엄청난 바이럴이 일어났고, SNS상으로 금세 유명세를 탔어요.

좋은 재료와 맛이 피플즈 브랜드의 강점인가요? 사실 좋은 재료를 썼다는 건 대표의 자부심일 뿐이지 고객들에게 확 와 닿는 건 아니니까, 이런 점을 어필하려 애쓰는 건 옛날 방식이라고 생각해요. 제가 표현하고 싶은 건, 이 매장에서 기억할 만한 것들을 만드는 거예요. 고객의 기억에 무엇이 남는가가 가장 중요하죠. 첫째는 음식 맛이 기억에 남아야 하고, 그다음으로는 사진이 남았으면 좋겠더라고요. 그래서 사진 찍을 '꺼리'를 놔두는 편이에요. 음식에도 공간에도 그 '꺼리'가 꼭 표현되게 하고요. 예쁘게 나올 만한 조명이라든지, 공간 여백이라든지, 하다못해 화장실도 잘 나오게끔 신경 써요.

이런 게 다 누군가의 추억이 되겠죠. 결국 제가 하는 일은 고객들이 음식을 먹고, 사람들과 만나 이야기하고, 그러면서 음식 이야기도 하게 만드는 거예요. 우리 매장이 딱 그런 매장이거든요. 데이트하거나 소개팅할 때 오고, 가족 단위 손님도 많이 와요. 소규모 모임 자리로도 많이 쓰이고요. 말하자면 추억거리를 충분히 마련해주고 싶은 거죠.

누군가의 추억에 남아서 다시 오게 하려면 기억에 남을 만한 '꺼리'를 만들어줘야 한다는 거네요. 그렇죠. 저희 같은 매장의 포지션은 그거라고 생각해요. 일반 밥집은 다르겠지만, 최소한 맛집으로 불리는 곳이나 객단가가 어느 정도 되는 곳에서는 이 점이 정말 중요할 것 같아요. 그래서 이 두 가지를 어떻게 표현할지 많이 고민합니다.

음식의 맛을 고객에게 이렇게저렇게 말해봐야 억지로 밀어붙일 수가 없어요. 요즘에는 어딜 가나 다 맛있어요. 그런 만큼 개인 브랜드들은 '여기만의 맛이 확실히 있어'라는 평을 받아야 오래 존속할 수 있어요. 그래서 저는 맛에 대한 포인트를 항상 그 방향으로 잡아요. 한 끗 차이를 만드는 거죠.

화장실에 "피자는 매일 먹는 음식이 아니다"라고 적은 것도 고객들이 알아줬으면 하는 마음에서 나온 거예요. 공감할 수 있는 '꺼리'가 되잖아요. 여기를 소개할 때 뭐라고 소개할 거예요? 사실 〈생활의 달인〉에 나오기 전까지는 키워드가 없었어요. 그래서 재료나 맛, 진정성을 키워드로 잡기 위해 '장인정신'을 어필하려고 했고, 이런 슬로건이 나온 거죠.

코로나19로 피플즈도 힘든 시기를 겪으셨을 텐데요. 만회하기 위해 어떤 일을 했죠? 배달을 가장 먼저 시작했죠. 올 수 없는 사람들에게 오라고 할 수는 없으니 방법이 배달밖에 없었어요. 마케팅도 시작했고요. '우리 여기 있어요!'라는 메시지를 그동안 알리지 않았는데 지금은 하고 있습니다.

배달로 매출이 회복됐나요? 네, 배달 자체도 도움이 됐고, 그 손님들이 매장으로 유입되기도 하고요. 하지만 처음에는 애로가 많았어요. 인천 피자로 검색하면 저희가 1등이지만, 배달을 주로 시키는 사람들 입장에서 보면 피플즈는 무명 브랜드잖아요. 그래서 브랜드의 힘을 빌리고자 배민라이더스로 들어갔어요. 배달을 알아서 해줘서 편하기도 하고요. 그런데 저희 피자는 애초에 배달하기에 문제점이 있더라고요. 치즈가 넘치도록 많이 들어가는 음식이라 배달할 때 흔들리면 안 되는데, 배달하면서 모양이 망가지니 컴플레인이 엄청났어요. 배민라이더스를 오픈하자마자 주문이 7~8 개가 들어오더라고요. 코로나 시국에 큰 매출이잖아요. 그런데 첫 배송부터 피자가 절반으로 접혀서 간 거예요. 처음부터 별점 1점을 받고 시작했죠.

그런 문제를 어떻게 해결했어요? 아주 사소한 문제를 매일 하나씩 개선했어요. 우선 피자 사이즈를 8인치에서 9인치로 늘렸어요. 높이가 살짝 낮아졌지만, 피자가 작다는 컴플레인이 1인치 차이로 없어졌어요. 그리고 배달이 늦어지면 치즈가 굳어서 떡이 될 수 있으니 보온팩에 넣어 배달을 보냈어요. 30분 이내에만 도착하면 집에서도 치즈가 주욱 늘어나는 피자를 먹을 수 있어요. 다행히 그 부분이 다른 곳과 차별화가 된 것 같아요.

사소한 것에 신경 쓰니 어떻게 달라지던가요? 코로나19가 그동안 놓치고 있던 부분을 많이 발견하고 정돈하는 계기가 됐어요. 물건은 이렇게 쌓아야 하고, 에어컨은 풍향이 어느 정도여야 하는지 온도가 몇 도여야 하는지, 식기를 어떻게 놔야 하는지 규칙을 만들었어요. 훈련되지 않은 직원들을 가장 빠르게 개선하는 방식은 규칙을 정해주는 거예요. 인사 잘해라~ 웃으면서 일해라~ 하는 식의 매뉴얼이 아니라 구조적인 매뉴얼이랄까요. 명확하게 이야기하는 과정에서 하루에 하나씩 개선방안을 찾은 거죠.

가장 컸던 건 '왜 매출이 떨어졌을까?'였어요. 코로나가 아니어도 매출은 떨어졌거든요. 매출이 늘려면 새로운 고객이 와야 하고, 왔던 고객이 자주 와야 하잖아요. 그런데 포인트 적립을 확인해보니 재방문 주기가 무려 1년이더라고요. 그나마 한 명이 5번 정도밖에 적립하지 않고, 20번 적립한 고객이 상위권이었어요. 지역상권인 걸 감안하면 저희 재방문율이 심각하게 떨어졌던 거죠.

그래서 우선 인스타그램을 통해서 피플즈를 고객에게 알리는 일을 했어요. 그리고 재방문 주기를 줄이기 위해 가볍게 먹을 수 있는 피자를 출시했어요. 시카고 피자는 재구매 주기가 좀 긴 편이에요. 자주 접하는 음식이 아니다 보니 그런 것 같아요. 그래서 예전에 팔았던 뉴욕 피자를 1인용 사이즈로 리뉴얼해서 재출시한 셈이에요. 그게 시카고 피자의 매출에도 영향을 미치겠죠.

매장의 느낌도 바꿨어요. 레스토랑 느낌에서 좀 더 캐주얼한 분위기를 연출했어요. 크라프트 종이컵으로 바꾸거나 조명을 밝게만 해도 분위기가 꽤 달라지거든요. 그렇게 저희 매장의 인상을 바꿔나갔습니다. 롱런하려면 즐겁고 편안한 분위기를 만드는 게 중요하거든요.

코로나19로 소비패턴이 어떻게 달라졌다고 느끼나요? 배달은 죽어도 싫다던 사람들이 배달을 시작했어요. 건너편의 빈 대떡집도 하고 술집도 배달을 해요. 코로나19 전에 이미 배달은 포화상태라고 했는데 진짜 포화는 지금부터예요. 그동안 홀 매장에서는 포장하고 배달 부르는 게 귀찮아서 시작조차 안 했는데, 사실 시작하면 너무 쉽거든요.

저도 그렇죠. 그동안 제가 배달을 하지 않은 이유는 퀄리티가 높지 않아서였어요. 배달음식은 가격이 높지 않으니 퀄리티도 별로일 것 같았거든요. 그런데 이번에 해보니 높지 않은 가격으로도 구조적으로 양질의 배달메뉴를 낼 수 있겠더라고요. 패키지로 뭔가 더 좋아 보이게 하는 방법도 찾고 있고요. 배달전문업체에서 이렇게까지 하지는 않겠죠. 그런데 홀 위주 매장 중에는 이렇게 하는 곳들이 생기고 있어요. 배달은 보너스 매출이니 돈을 쓰는 거죠.

결과적으로 홀 매장도 배달을 제대로 하는 곳들이 생겨나고, 배달업체는 귀신같이 이런 장점을 흡수해서 갈 거예요. 업체들끼리는 출혈경쟁이 심해지겠지만 결과적으로 고객은 좋아질 수밖에 없어요. 이로 인해 외식업의 구조조정이 본격적으로 시작될 거라 봐요. 앞으로는 진짜 양극화가 될 것 같아요. 맛도 좋고 배달도 잘하는 업체들이 더 많아질 테니, 배달 분야에서도 '핫플'이 생길 겁니다.

매장을 운영하면서 가장 어려운 점은 뭔가요? 다 어렵지만 사람 다루는 일이 가장 힘들어요. 성장시키려고 하면 한계가 있고, 그렇다고 꾸준히만 하는 사람을 뽑기에는 발전이 없고요.

제가 외식업을 하다 중간에 온라인 사업을 시도한 적이 있는데, 이유는 하나였어요. 월급을 더 이상 올릴 자신이 없었거든요. 저는 예전에도 300만~400만 원씩 주는 직원들이 있었어요. 그때는 버는 게 괜찮아서 잘하는 직원들에게는 확실히 투자할 수 있었는데, 지금은 최저임금이 다 올라버려서 윗단계 직원에게 투자할 돈이 없어요. 더 중요한 건, 그럴 만한 인재도 없다는 거예요. 그렇게 열심히 하려고 하지 않으니까요. 그래서 열심히 하는 사람에 대한 갈증이 크죠.

어찌 됐건 능력 있는 사람들에게 돈을 많이 줘야 하는데, 그러려면 돈을 버는 매장을 만들어야 하잖아요. 오프라인 매장 한두 개만으로는 한계가 있고, 오프라인을 기반으로 온라인에서도 매출을 일으키면 가능하지 않을까 생각한 거죠. 요즘은 코로나19 때문에 온라인과 비대면이 더 주목받고 있는데, 사실 저는 그 해법이 무조건 온라인 진출이라고는 생각하지 않아요. 포인트가 조금 다르달까. 온라인은 코로나19가 있건 없건 지금처럼 발전했을 거고요. 저는 유능한 인재에게 더 많은 것을 보장해주고 싶은 거예요. 지금은 월급을 200만 원밖에 못 주겠다, 나중에 잘되면 더 주겠다고 하는 사장님들도 있는데, 그런 게 어디 있어요. 유능한 사람은 제값을 받아야 해요. 외식업도 예외일 수 없고요. 피자라는 아이템 하나로 매출을 다각화해야 좋은 인재를 쓸 수 있어요.

인재를 데려오기 위해 온라인에 진출하겠다는 포부가 인상적입니다. 그것 외에 말씀드린 대로 매출 다각화를 위한 것이기도 해요. 저는 효율을 추구해야 하는데, 투자하는 대로 매출이 늘어나면 좋겠지만 현실적으로 그렇게 되지는 않아요. 게다가 한 곳이 제대로 돌아가지 않으면 다른 매장까지 영향을 미치게 되니 오프라인은 위험부담이 너무 크거든요. 그래서 다른 길은 없을까 고민하다 보니 온라인 영역이 눈에 들어왔어요. 저는 어디서든 전체 수익을 내면 되기 때문에, 설령 오프라인에서 수익이 안 나더라도 내 브랜드로 온라인 매출을 내면 이상이 없겠죠. 주식, 펀드, 채권 모두 담은 투자 포트폴리오 같은 거죠. 이렇게 두 가지를 함께하는 기업만이 큰 회사가 될 거라고 저는 생각해요. 한 달에

5000만 원, 3000만 원만 벌 거라면 매장 두세 개만 운영하면 돼요. 하지만 저는 매출 1000억 원이 목표예요. 그러려면 온라인에서 판매 가능한 음식을 오프라인에서 만들어 대박 나게 한 후 온라인으로도 판매해야 해요.

지금도 온라인 사업에 뜻이 있는 거죠? 저는 이 길이 외식업의 미래라고 생각해요. 그리고 대기업과 경쟁해서 이길 수 있으려면 기업 정도로 규모를 키워야 하는데, 프랜차이즈 아니면 온라인 진출 이렇게 두 가지 길뿐인 거죠. 직영점만 운영해서는 안 되고, 직영점만 내려고 하면 너무 힘들기도 하고요. 다만 무턱대고 시작했다가는 손실비용이 커서 오프라인까지 망가질 위험이 있다는 조언을 들어서 지금은 배우는 단계입니다. 시행착오를 최소화할 수 있는 아이템을 판매하면서 나름의 노하우를 쌓았으니 이제는 온라인에 제대로 덤벼보려고 합니다.

외식업 하는 사람들에게 필요한 자질, 유리한 자질은 무엇이라고 생각하세요? 사람을 잘 아는 거죠. 사람의 마음을 잘 이해할 수 있는 사람. 그게 다인 것 같아요. 그걸 알아야 어떤 음식을 팔건 공간을 꾸미건 메뉴나 서비스의 기반을 갖출 수 있지 않을까 합니다. 자기만 혼자 맛있어하는 음식을 내놓는다고 팔리지는 않잖아요.

그렇다면 외식업에 뛰어들고자 하는 사람에게는 어떤 이야기를 해주고 싶으세요? 크게 젊은 사람들, 그리고 나이가 어느 정도 있어서 지금 당장 벌이가 필요한 사람들 두 부류로 나눌 수 있어요. 전자라면 최대한 리스크 없이 경험을 다양하게 쌓으라고 제안할 것 같아요. 장사 잘되는 곳에 알바로라도 일하면서 전국의 유명한 곳을 경험하면 좋고, 그럴 때 뭘 배워야 하는지 포인트도 가르쳐주고 싶어요. 여기서 배우는 모든 것은 '망하지 않기 위한 방법'이에요. 저는 창업 전에 이런 걸 배울 기회가 없었거든요. 창업이 가장 힘든 건 내가 무슨 실수나 시행착오를 하면 금전적 타격이 바로 온다는 점이에요. 그래서인지 저는 성공하는 것보다 망하지 않는 게 더 중요하다고 생각해요.

반면 당장 벌이가 필요해서 가게를 열고 싶다는 분들은 한두 달 안에 뭐가 됐든 끝내야 해요. 이 경우 일단 뭘 할지 결정한 다음에, 앞서 말한 그 경험들을 최소한 며칠이나 2주 정도 해보는 게 좋아요. 그러면 단순업무부터 시작해 기본적인 사항은 알게 되겠죠. 그리고 가장 작은 사이즈로 할 수 있는 업을 먼저 하게 할 것 같아요. 노점일 수도 있고, 푸드트럭일 수도 있고. 한마디로 리스크를 줄이자는 거죠. 그렇게 해도 늦지 않아요. 그건 도저히 못하겠다고 하면 배달 매장을 권하고 싶어요. 이유는 똑같아요. 리스크가 적으니까. 우선 경험이 중요해요.

자영업 하는 사람들에게 진짜 위기는 뭐라고 생각해요? 고객에게 관심이 없어질 때가 위기의 시작인 것 같아요. 저는 사실 지금까지 잘됐어요. 위기가 없었던 건 아니죠. 조류독감이며 메르스, 현재 코로나19까지 위기가 몇 번 있었고 그때마다 다 힘들었어요. 그중 지금 코로나19가 끝판왕이기는 한데, 뭔가를 시작하려 할 때마다 힘든 시기가 찾아오더라고요. 그래도 결국 다 잘됐어요. 다 대박을 쳤고 손님 줄을 세웠고요. 하지만 매장이든 뭐든 내 관심이 없어질 때, 손님이 우리 매장을 어떻게 평가할지 더 이상 생각하지 않게 되는 순간 그 매장은 죽기 시작하더라고요. 사장이 그 매장에 가건 안 가건 상관없어요. 이런 관심이 있을 때는 매출이 올라가는데, 관심이 꺼지면 티가 나요. 신기하죠.

개인의 성장을 위해 따로 하는 일은 있나요? 저는 일하는 것이 곧 성장이라고 생각해요. 저는 일할 때 성장해요. 일을 몰아서 하는 편이라 그때가 되면 눈 뜬 직후부터 눈 감고 꿈꿀 때까지 일을 하는데, 그렇게 몇 개월 하고 나면 굉장히 많이 발전해요. 지금도 일하는 기간이에요. 그리고 올해는 계속 그렇게 일하려고 하고요. 제가 게으르긴 한데, 그래도 하루 18시간 이상 일을 생각하고 있고 꿈에서도 일을 해요. 고객은 어떻게 반응할지, 나는 어떻게 변해야 할지 계속 고민하면서요.

개인매장이
프랜차이즈를 이기는 방법

　장사가 잘되는 이유는 정말 다양하다. 음식 맛, 입지, 가격, 공간디자인(인테리어, 익스테리어), 접객 서비스, 브랜드 유명세 등 언뜻 생각해봐도 여러 가지를 꼽을 수 있다. 물론 그중 가장 중요한 건 음식이다.

　내가 프랜차이즈를 운영하면서 가장 절감한 것도 음식이다. 구조적인 한계가 있다 보니 음식을 대중적인 수준에 맞출 수밖에 없다. 조금만 퀄리티를 높여도 원활한 식재료 수급, 대량생산, 수익구조 등 신경 쓸 게 엄청 많아지고, 어쩔 수 없이 중간점에서 타협해야 하는 상황에 놓이게 된다.

　이러한 한계 때문에 프랜차이즈는 대중적인 음식과 공간디자인을 기본으로 하되, 엄청난 예산으로 마케팅을 해 브랜드를 성장시키는 전략을 구사한다. 전체 사이즈로 따지면 개인 브랜드가 결코 이길 수 없는 구조다.

하지만 이건 어디까지나 전체 사이즈에서 볼 때의 시각이다. 나는 지역상권에서 장사하는데 전체를 이길 필요가 있을까? 그냥 내 지역상권에서만 가장 잘하면 된다.

그렇다면 나는 뭘 가장 잘할 수 있을까? 마케팅? 입지? 공간디자인? 돈 많으면 하면 된다. 가격을 싸게 하면? 잘될 수는 있지만 남는 게 없다. 접객 서비스? 인건비와 직원교육비를 꾸준히 쓰면 되지만, 이 또한 남는 게 없다.

내가 내린 결론은 결국 음식밖에 없다는 것이다. 음식점이니 음식에 집중하는 것. 그게 개인매장이 프랜차이즈를 이기는 가장 확실한 길이다.

음식만으로 지역상권에서 대장이 되는 방법은 무엇일까? 여기서 말하는 '대장'의 기준은 절대적인 매출보다는 매장규모 대비 매출을 뜻한다. 가령 유명 돈가스 맛집보다 대형 프랜차이즈 매장이 매출은 더 높을 테지만, 사람들은 유명 맛집이 더 대장이라고 생각한다. 개인이 음식으로 대장이 되는 법, 내가 생각하는 몇 가지 기준은 다음과 같다.

첫째, 대표메뉴, 서브메뉴, 곁들이는 메뉴 구성을 잘해야 한다
영화에 비유하자면 주연, 조연, 보조출연을 조화롭게 맞춰야 한다. 모두가 주연이면 아수라장이 된다. 대표메뉴는 최민식처럼 내공 있고 깊이가 있어야 한다. 서브메뉴는 감초 같은 역할을 해줘야 한다. 유해진 같은 개성 있는 메뉴가 필요하다는 뜻이다. 곁들이는 메뉴는 주연과 조연의 부족한 부분을 메꾸는 역할을 한다. 바이럴이 일어날 수 있으면 더 좋다. 말은 쉽지만 대부분 메인메뉴와 서브메뉴를 혼동한다. 그래서 망한다. 일례로 치즈등갈비만 내세운 치즈등갈비 매장은 대부분 망했다. 그러나 등갈비를 내세우고 치즈등갈비도 판 매장은 살아남았다. 이런 차이다.

둘째, 대표메뉴는 진정성 있어야 한다

대표메뉴는 진정성을 담아 제대로 만들어야 한다. 메인메뉴에 들어가는 모든 식자재가 좋을 필요는 없지만, 적어도 메인메뉴의 대표 식자재만큼은 상급을 쓰자. 피자집에서 치즈를 차별화하는 것처럼 말이다. 메인 식재료가 얼마나 가치 있고, 이런 식재료를 사용하기 위해 얼마나 고생하는지 등을 어떤 방법으로든 홍보하면 된다.

셋째, 서브메뉴는 대표메뉴를 도와야 한다

진정성은 중요하지만 이것만으로는 재미가 없다. 작품성 있는 독립영화가 되는 것이다. 대박영화를 만들려면 재미도 있어야 한다. 개인매장은 마케팅에 돈을 많이 쓸 수 없으므로 더욱 재미 요소를 살려야 한다. 그 역할을 하는 게 서브메뉴다. 자연적인 바이럴을 일으킬 만한 메뉴를 만들자. 메뉴 자체가 자랑거리가 되는 것이다. 우리 매장의 서브메뉴는 시카고 피자다. 치즈가 주~욱 늘어나는 모습을 SNS에 올려달라고 구걸하지 않아도 고객들이 알아서 올리게 된다. 자랑거리가 되기 때문이다.

넷째, 곁들이는 메뉴는 대표메뉴와 서브메뉴의 부족함을 채워주는 역할을 한다

피자집에는 치즈의 느끼함을 잡아줄 메뉴가 반드시 필요하다. 그래서 샐러드와 크래프트 맥주를 판매했다. 치즈를 튜브처럼 구워서 샐러드에 꽂은 구운치즈샐러드는 다른 매장에 없는 메뉴다. 처음 보는 비주얼이다 보니 자연적인 바이럴 효과가 있었다. 맥주도 크래프트 맥주가 흔하지 않았던 시절에는 자랑거리가 되어 SNS에 자주 등장했다.

이와 함께 메뉴 개발에서 조심할 부분도 있다. 일단, 너무 싸면 망한다. 너무 비싸도 물론 망한다. 너무 싸면 남는 게 없어서 망하고, 너무 비싸면 못 팔아서 망한다. 많이 팔면서 많이 남아야 잘되는 장사다. 보통의 경우 지역상권의 평균적인 메뉴가격에서 10% 더 받으면 적절하다. 대신 원가도 10% 더 써야 한다. 원가를 10% 올림으로써 프랜차이즈가 따라 할 수 없을 만큼의 차이를 낼 수 있다. 제대로 만들어서 제대로 팔아야 롱런할 수 있다.

또 하나, 메뉴가 너무 많으면 안 된다. 메뉴를 단순화해서 전문점이 되자. 식재료도 단순해지므로 관리도 쉬워지고 물량이 많아져서 원가조절도 용이해진다.

마지막으로 한 가지만 더 강조하고 싶다. 반드시 친절할 필요는 없다는 것이다. 부족한 음식 퀄리티를 친절로 메우는 데는 한계가 있다. 무엇보다 장사 잘되는 개인매장은 친절할 수가 없다. 하루 종일 바빠 죽겠는데 친절하기까지 하면 그건 이미 개인매장이 아닐 것이다. 어느 음식점이 가장 좋은 이유가 '친절'이라면, 그 음식점이 망할 이유도 '친절'일 것이다. 음식을 컨트롤하는 것보다 사람을 컨트롤하는 것이 훨씬 어렵기 때문이다. 개인적으로 서비스 기준은 '고객이 불편하다고 느끼지 못할 정도'면 된다고 생각한다. 접객 서비스가 아예 기억나지 않는 것이 포인트다.

접객하느라 쓰는 감정소모를 음식에 쓰자. 공들여 개발한 메뉴를 꾸준히 유지하는 데 에너지를 쓰자. 그럼으로써 고객들 사이에 이야기가 만들어지고, 어떠한 메뉴가 먹고 싶을 때 그 매장이 생각나게 될 것이다.

"아버지는 양대창만 30년을 연구하셨어요.
지금도 마찬가지예요. 곁에서 보면서도
어떻게 저런 노력이 가능할까 싶을 정도예요.
저희가 양대창으로 유명하지만
사실 별양집의 진짜 무기는 꾸준함입니다."

[CHAPTER 9]

꾸준함을 판다

정순택 · 별양집 대표

연예인들의 단골 맛집으로도 유명한 최고의 양대창 맛집. 30년 동안 2대째
'명품 대창'이라는 단일 메뉴를 꾸준히 연구하고 발전시키며 5평짜리 가게를
지금의 200평 규모로 키웠다. 늘 같은 자리를 지키는 밤하늘의 별처럼
언제 찾아와도 서로 반갑게 웃을 수 있는 식당이 되고자 한다.

별양집은 얼마나 되었나요? 별양집은 올해(2020년) 딱 30년 됐어요. 여기가 네 번째 가게예요. 지금 이곳으로 이사 온 지는 2년 정도 됐네요.

처음에는 5평 정도밖에 안 되는 공간에서 장사를 시작하셨어요. 그런데도 다행히 처음부터 잘됐다고 들었어요. 도와주신 분들이 참 많았대요. 처음에는 아버지가 칼국숫집을 하자고 하셨는데, 어머니가 회사생활을 하시면서 곱창을 종종 접하셨던 그 기억을 살려서 양대창 쪽으로 가닥을 잡으시게 됐죠. 말하자면 양대창이라는 품목을 잘 알고 시작한 게 아니라, 먹고살려고 아무것도 모른 채 말 그대로 맨땅에 헤딩을 하셨죠. 가진 것도 없는 시기라 우여곡절 끝에 은행에서 나오지도 않는 대출 2000만 원을 받아서 시작하셨어요.

5평 가게가 지금 200평 규모로 번창했는데, 이 가게만의 차별성은 뭘까요? 5평 가게에서 장사를 시작했을 땐 정말 아무

것도 없었어요. 상권이라고는 전혀 몰라서 아무것도 없는 골목에 저희만 덩그러니 있는 식이었죠. 너무 뻔한 이야기지만 하나가 둘이 되고 셋이 넷이 되면서 알음알음 찾아와주신 분들로 매장이 채워져갔어요.

다만 그렇게 생업으로 장사를 하실 때도 어머니는 그냥 '고깃집 아줌마'가 되고 싶지는 않으셨어요. 내 가게가 음식을 즐기고 서로를 기억해주는 사람들로 가득차면 좋겠다는 마음으로 소주 가격을 5000원으로 정하고 한 병씩만 제공하는 룰을 만들어놓았죠. 그러다 보니 자연스럽게 음주가 목적이 아니라 사람을 좋아하고 정감 있는 사람들의 모임장소가 되었죠.

타깃을 그렇게 잡으신 거네요. 처음부터 일부러 타깃을 잡고 시작하신 건 아니었는데 흘러가다 보니 그렇게 됐어요. 30년 전에 소주 한 병만을 과하다면 과한 가격에 제공하는 것 자체가 강력한 넛지가 되었던 것 같아요. 그때 오셨던 분들은 대부분 현업에서 은퇴하셨는데 "나는 못 오니까 앞으로 자녀들이 올 거다"라고 하시며 인연의 소중함을 일깨워주시곤 하지요.

끝없는 연구로 명품 대창을 만들다

대창은 호불호가 강한 음식인데, 평소 안 먹던 사람들도 별양집 대창은 좋아하는 것 같아요. 처음에는 부모님도 음식에 대해 아무것도 모르신 채 시작하셨어요. 가게 끝나고 청소하다 보면 테이블 밑에 고기가 다 버려져 있었어요. 너무 질기고 맛이 없었으니까요. 손님들은 어머니라는 사람이 좋아서, 사람 보고 가게에 계속 온 거죠.

아무것도 모른 채 시작해서 지금의 맛을 쌓아갔다니 놀랍습니다. 양대창이 쉬운 음식이 아닌데요. 쉽지 않죠. 양대창만큼은 저희가 세계 최고라고 감히 자신할 수 있어요. 어머니가 접객을 맡으셨다면 아버지가 이 맛을 만드셨는데, 외골수 장인 타입이시거든요. 사회와 교류도 많지 않고 거의 수도승처럼 생활하세요. 어떻게 말하면 등가교환의 법칙이라고 할까요, 흔히 들었던 1만 시간의 법칙이라고 할까요. 부족한 사회 교류를 상쇄하는 것 이상으로 본인만의 능력을 개발, 승화시키셨어요. 꾸준함. 아버지는 이것을 재능이라고도 표현하세요. 오랜 세월 속에 체득하신 거죠. 어느 누구를 만나든 어디를 가든 늘 질문하고 지식을 얻기 위해 탐구하세요. 황당무계한 말일지라도 진심으로 경청해서 당신의 숙제와 연결고리를 찾곤 하시죠. 양대창만 30년을 연구하셨어요. 지금도 마찬가지예요. 곁에서 보면서도 어떻게 저런 노력이 가능할까 싶을 정도예요. 연구를 넘어 실험에 가깝죠. 저희가 양대창으로 유명하지만 사실 별양집의 진짜 무기는 꾸준함이에요.

양대창을 연구하는 포인트가 뭘지 궁금합니다. 제품 판단 기준은 크게 향, 맛, 식감으로 나뉘는데 그중 식감을 특히 중요하게 여겨요. 과학자들이 A, B, C를 가져와서 A는 이 상황에서 어떻게 되고, B는 어떻게 된다는 걸 계속 실험하고 수정하잖아요. 아버지도 그렇게 하시는 거예요. 이걸 수천수만 번 시도하신 거죠. 그런데 과학자들이 종종 이야기하잖아요. 어떻게 성공할 수 있었냐고 물으면 "하다 보니 됐다"고. 아버지도 딱 그거예요. 수없이 반복하는 과정에서 우연히 포착되는 순간을 잡아내시는 거예요.

저희는 타 업체에 잘 방문하지 않아요. 경쟁상대는 아버지 자신이니까요. 남들보다 낫다는 데 그치지 않고 본인만의 기준을 세우고 상상하고 머릿속에 그렸던 제품이 완성될 때까지 묵묵히 달려갈 뿐이죠. 양대창은 아버지의 인생이에요. 30년 동안 매일 출근하시죠. 저희 휴무일이 1년에 딱 두 번, 설과 추석 당일이에요. 그런데 당일에도 나오세요. 다음 날 장사 준비를 해야 하니까요. 보통은 여유가 생기면 골프도 치고 해외여행도 다니는데 그걸 안 하세요. 못한다거나 안 한다는 생각은 아니시고, 이 일이 인생의 소명이라 생각하시고 생활의 일부로 만들어가는 거죠.

별양집이라는 이름은 누가 지었어요? 지리산 골짜기의 밤하늘에 무수히 빛나는 별을 보면서 어머니가 떠올린 이름이에요. 반짝이는 별은 많은 이에게 희망이 되고 감동과 힘을 주는 것 같아요. 그런 매장이, 또 그런 사람이 되기를 바라는 마음에 지은 이름이에요.

멋지네요. 한 가지 일에 열중하는 인생을 살려면 그렇게 살아야 하는구나 싶어요. 제가 봐온 어머니는 마음이 여리고 따뜻한 분이에요. 30년 세월을 지속하기 위해 모진 풍파를 지나오셨죠. 위태롭게 흔들리는 마음을 다잡기 위해 해오시는 일이 있어요. 감사기도를 하는 거예요. 잠에서 깨어나 눈을 뜨는 순간부터 시작하시죠. 몸이 아파도 하루도 거르지 않고 매일 2시간씩 실천하신 지 제가 기억하기론 벌써 20년도 넘었네요. 감사하는 마음에서 나오는 긍정적인 에너지는 많은 것을 포용하기도 하고, 때론 놀라운 일을 해낼 힘을 주는 것 같아요. 아버지와 어머니의 모습을 보면 사람은 분명 변할 수도, 혹은 얼마든지 긍정적인 모습으로 만들어질 수 있다는 가능성을 믿게 돼요.

확장보다 본질에 집중한다

이 일을 하면서 정말 좋았던 점은 무엇인지 궁금합니다. 폭넓게 이야기해보자면 자기결정권이 생긴다는 것, 좁게 이야기하자면 하나하나씩 내 것을 만들어간다는 점이 좋아요. 때로는 고통스러울 수도 있지만 잘 풀릴 때는 재미있어요. 어떤 면에선 게임의 레벨업과 비슷하다고 할까요.

저희는 새로운 게 없어요. 한 우물만 파요. 그게 가장 큰 장점이자 단점이에요. 어쩌면 가풍 같기도 해요. 어릴 때는 저도 다른 매장처럼 지점을 늘려보고 싶다는 생각을 해봤는데 부모님이 반대하셨어요. 제가 다른 사람과 별도의 사업을 해보겠다고 나섰을 때도 있었는데, 그때 뜬 마음으로 그 사업을 했으면 실패했을 거라는 생각이 들어요. 제가 본격적으로 이 가게를 맡은 건 7~8년 정도 됐어요. 처음에는 변주해보고 싶다는 생각도 있었죠. 나도 다른 사람들처럼 매장 여러 개를 내보거나 캐주얼한 다른 가게를 내보고 싶다는 생각, 또는 단순히 확장이라는 화두에 관심을 뒀을 때가 있었어요. 부모님은 탐탁지 않아 하셨죠. 내실 다지기가 더 중요하다고 하시더라고요. 시간이 지날수록 그 생각에 동의하게 되네요.

지점을 늘릴 계획은 전혀 없나요? 생각이 없지는 않아요. 그런데 내부적으로 완성해갈 것들이 많아서 일을 벌일 생각은 아직 없어요. 지금도 부모님이 매일 나오시는 이유가, 손이 많이 가기 때문이거든요. 직접 확인하고 점검하고 손질해야 하는 부분이 있으니까. 이 일을 다른 사람에게 맡기면 부족하다고 여기시는 거죠. 전부가 하나기도 하지만, 작은 하나도 전부라는 생각이 틀리지 않다고 생각해요. 아직도 하나씩 정성을 들여 쌓아가야 할 것들이 많아요.

프랜차이즈 매장을 열게 해달라는 분들도 많아요. 유명인들도 있었고, 일본에 프랜차이즈를 내자는 제안도 있었고, 해외에서 물건만 달라고 요청하는 분도 있어요. 외국에는 이런 맛이 없으니 해외배송을 해달라는 전화도 오곤 하죠. 하지만 그렇게 보내면 그 맛이 나지 않으니 안 하는 게 좋겠다는 결론을 내렸습니다. 외부요인에 영향 받지 않고, 손이 가더라도 정확하게 지금의 맛을 낼 수 있는 방향을 잡고 싶어요. 그런 면에서는 100년 이상 된 일본의 오래된 가게와 맥락이 비슷한 점이 있겠네요.

요즘은 온라인으로도 맛집 음식을 많이 팔잖아요. 줄 서서 사먹는 빵집의 제품을 온라인에서 팔면서 브랜드 인지도가 오르는 경우도 많은데요. 그런 루트를 확보하고 싶다는 생각은 안 해보셨어요? 관심은 있는데, 저희 제품 특성상 어려운 점이 있어요. 온라인에서 판매하려면 가격경쟁력이 있어야 하는데, 가격을 맞추면 제품이 안 나오겠더라고요. 보통 1인분이라고 하면 떠올리는 적정가라는 게 있잖아요. 몇 천 원, 높아봐야 1만 원 조금 넘을 텐데, 저희는 그 가격을 어떻게 맞춰야 할지 감이 안 오는 거예요. 아무리 유명한 브랜드라도 그렇게 원가를 낮춰서 공급하면 실망할 수밖에 없다고 생각해요. 그렇게 팔면 당장은 매출이 오를지 몰라도 결국에는 브랜드를 소모시키는 거죠. 사람의 입은 가격을 떠나서 뭘 먹든 맛있기를 원하는데, 그 욕구에 맞추지 못하면 안 좋은 이미지만 전달하겠죠.

하지만 방법이 있지 않을까 하는 기대를 놓지 않고, 그런 부분을 염두에 두고 해결해가려고 합니다. 지금 당장 온라인에 뛰어들 건 아니지만 어떻게 하면 우리 맛을 유지할 수 있을지, 어떤 상황에서도 최소한 근접하게 할 수 있을지 늘 연구하고 계시죠. 저희는 굉장히 느린 집이에요. 어찌 보면 제 역할은 그 중간을 잡아주는 거고요. 부모님의 아날로그 감성을 잘 알지만, 젊은 세대다 보니 빠르게 변하는 것들과 현대적인 필요성을 잘 엮어서 중간 지점을 찾아가고 있습니다.

대창 외에 캐주얼한 메뉴개발을 생각해보신 적 있어요? 예를 들어 정육점 타파스에서 클래식한 고기를 캐주얼하게 해석한 것처럼요. 가끔씩 아이디어가 떠올라요. 예컨대 양구이는 '소확행'의 안줏거리가 될 수도 있겠죠. 그런 것들을 염두에 두고 실험을 해보기도 하지만 유행을 타거나 트렌드에 휩쓸리는 듯한 행보는 취하지 않으려고 해요. 차근차근 정확하게 단단한 한 걸음을 딛으려고 집중하는 편이죠. 느리게 보이지만 결국에는 빠르게 변화하는 세상에서 흔들림 없이 정상에 도달할 거라 믿어요.

누구나
할 수 있지만
꾸준히 해야
하는 일

매장에 오면 반드시 챙기는 루틴 같은 게 있나요? 저는 매장에 오면 가장 먼저 직원들과 반갑게 웃으면서 인사를 나눠요. 그러면서 표정을 확인해요. 그날 기분이 괜찮은지 보는 거죠. 그 사람의 기분이 좋으면 처음부터 끝날 때까지 웃으면서 일할 거예요. 기분이 안 좋다면 처음부터 끝까지 안 좋겠죠. 음식을 만들건 손님을 응대하건 마찬가지예요. 그래서 인상을 살펴요. 한 명씩 전부 다요. 또한 저희는 현장을 중요시해서, 지시하고 보고받되 반드시 확인하려고 하죠. 실제로 제대로 이루어졌는지 검증하는 거예요. 믿지만 확인하자는 주의죠. 계획과 실천의 결과는 대개 다르니까요.

안 그래도 별양집에 가면 늘 일사불란하게 움직이는 서비스가 인상적이에요. 아버지는 현장을 매우 중요시하세요. 현장을 잘 알아야 한다고 입이 닳도록 말씀하시죠. 이어서 무슨 일이 벌어질지 예측을 잘하라고 말씀하세요. 모든 일에는 우선순위가 있잖아요. 그걸 하나씩 풀어가며 일이 자연스럽게 풀리도록 해요. 그런데 반대로 하거나 순서가 뒤바뀌면 모두가 헷갈리며 아무것도 아닌데 중구난방 일이 꼬여버릴 때가 있죠. 예를 들자면, 귀가 후 수면준비까지의 효율적인 순서는 신발을 벗고 탈의 후 샤워하고 파자마를 입는 과정일 거예요. 그런데 여기서 샤워와 탈의의 순서가 뒤바뀐다면 엉망이 되는 건 당연하겠죠. 너무나 상식적인 이야기이고, 실제로 이렇게 뒤바꿔 하는 사람은 아마 없을 거예요. 그런데 업무에서는 이런 경우가 의외로 자주 생겨요. 그럴

수록 일의 효율성이 떨어지겠죠. 특히나 여러 명이 동시에 비슷한 업무를 바쁘게 진행할 때라면 더욱 헷갈릴 수 있어요. 그럴 때 순서를 잡아주고 필요한 부분에 적재적소 투입해서 지원해주는 게 가족이 운영하는 장점인 것 같아요. 그래서인지 저희가 약간 설치는(?) 경향이 있어요. 어찌 보면 사소하고 우스워 보이는 상황이지만 애써 방문한 고객에게 온전한 제품을 서비스받을 수 있도록 최선을 다하는 우리에게는 당연한 의무이자 무척이나 진지한 순간이에요.

실제로 많은 분들이 외식업에서 가장 어려운 부분으로 인력관리를 꼽습니다. 별양집은 어떠신가요? 마찬가지예요. 여러 사람이 함께하다 보니 이런 일 저런 일 끊임없이 잡음이 생겨요. 저희도 거창하게 내세울 게 없어요. 외식업은 결국 사람이 만들어내는 건데 그게 참 어려워요.

저희 매장의 특징이라면, 나이든 분들이 다수예요. 의도한 건 아니지만 시간이 흐르다 보니 결과적으로 남은 사람들이 그렇게 됐네요. 상대적으로 나이든 분들이 많은 이유의 첫째는 장기근속할 사람을 선호해서예요. 시스템이 아주 잘 갖춰진 패스트푸드점이나 기성품을 판매하는 곳에 비해 상대적으로 전문성이 필요하기 때문이에요. 어디든 새로운 곳에 가면 적응하는 데 시간이 걸리고, 다루는 제품의 특성을 이해하고 몸에 익히는 데까지 걸리는 기간을 감안하면 짧은 기간 동안 상주하는 아르바이트나 일용직 분들이 저희 매장에 와서 제몫을 하기가 어려워요. 저희는 최소 6개월을 잡아요. 그런 이유로 일용직이나 파트타임 인원을 활용하지 않아요.

장기근무를 하게 되면 퇴직금이 부담스럽다고 하는 경우도 있겠지만 오히려 유효한 인력풀을 유지할 수 있다는 장점이 있다고 생각해요. 구관이 명관이며 오래 근무할수록 매장을 속속들이 잘 알아서 유지, 관리, 운영에 말이 필요 없어요. 업무 루틴이 자연스럽게 몸에 배고, 돌발상황도 이미 겪어봤으니 당황할 게 없어요. 신규로 유입되는 직원의 인수인계에도 효과적이고요. 젊은 사람은 특유의 통통 튀는 에너지와 습득이 빠르다는 장점이 있겠지만 장기근무의 관점에서 여전히 생각에 변화는 없어요.

둘째는 젊은 사람들이 비전을 갖고 오래 근무할 수 있을 만큼의 보상을 저희가 제시하지 못하기 때문이겠죠. 역량을 펼치고 경제적으로 성공하고 다양한 경험을 하고픈 욕구가 얼마나 크겠어요. 그에 부응하려면 규모의 경제를 이루며 그에 맞춰 승진시키고 비전을 제시해야 하는데, 추구하는 방향이 다르다 보니 그런 쪽으로 한계가 있어요. 급여를 주고 노동을 제공받는 걸로 기브앤테이크는 완료된 거지만, 그 외에 더 나은 근무환경과 복지를 위해 더 채워져야 하는 부분은 내부적으로 제게 남겨진 큰 숙제예요.

그리고 저마다 일하는 이유가 있잖아요. 특히 식당에서 일하는 이유 중 특별한 목적이 있다고 한다면 일을 배워서 창업을 하는 것이겠죠. 그런데 저희 매장에서 일하시는 분들은 대부분 생업이에요. 대부분 결혼을 했고 자녀도 있는 분들이죠. 그들은 가장이에요. 단체생활을 하다 보면 서로 이해가 충돌하거나 텃세나 따돌림 등 불합리함이 생길 수 있어요. 사회에서 타파되어야 할 부분이지만 완전히 해결하기 어렵다는 걸 부인할 수 없죠. 그럴 때 연령이 있는 분들은 "나 여기서 안 해. 여기 아니어도 할 거 많아" 하고 나가기보다는 서로 둥글게 살아가는 데 좀 더 유연하죠. 연륜이라고 할까요. 사람 사는 곳은 다 비슷하다고 종종 말씀하시죠.

저희 가게에는 그런 분들이 대부분이에요. 그래서 20년, 30년 근무하신 분도 있고, 나갔다가 다시 온 분도 많아요. 고용관계로 얽혀 있지만 평소에 물질만이 아니라 심적으로도 유대관계를 맺어왔던 게 한몫하는 것 같아요. 저희 매장에는 직급도 없어요. 자연스럽게 형성되는 위계질서는 있지만 호칭은 모두 '님'으로 통해요.

반면 아쉬운 점도 있을 것 같은데요. 대표님이 젊으시니 또래 젊은 친구들과 비전을 키워보고 싶다, 또래 사람들과 일해보고 싶다는 마음은 없나요? 저는 저보다 어린 친구들과 어울려 본 경험이 많지 않아요. 앞으로 함께할 친구들을 마주칠 생각을 하면 기분 좋은 설렘이 생기고 변해가는 세상을 따라가려면 꼭 해야 한다는 생각이 들어요. 다만 현재는 추구하는 방향이 있다 보니 젊은 사람들의 상대적으로 강한 성취욕, 인정받고 싶은 욕구, 혈기왕성함 등을 해소하거나 채워줄 수 없는 부족함이 있다고 생각해요. 특히나 제품 본질에 집중하는 우리의 업무 루틴은 재미없어 보이는 일에 매일같이 달라붙어서 꾸준히 반복해야 하고, 그 와중에 들뜨지 않는 마음으로 정확하게 하려는 정성이 필요하거든요. 양념이나 소스를 뜨더라도 매번 위아래를 여러 번 저어서 잘 섞이도록 해야 해요. 기본에 충실해야 하죠. 부모님은 그러려면 신발을 가지런하게 벗어놓을 수 있어야 한다고 강조하세요. 음식도 서비스도 위생도 다 사람이 하는 것이어서 모든 부분이 잘 컨트롤돼야 하는데, 저도 기본이 되지 않았다고 혼나기도 해요.

어쩌면 저희의 성향일 수도 있죠. 사업이 이상적인 선순환을 하려면 매장이 하나에서 2개로 늘고, 사람도 승진해야 기업이 되어 유지될 수 있는데, 아직은 못하겠더라고요.

계속 성장하고 끝없이 발전해야 인재들도 성장하면서 동기 부여도 되는 건데 저는 그런 스타일은 아닌 것 같아요. 규모의 경제도 중요하고 멋진 일이지만, 자세히 보아야 예쁘다고 하잖아요. 전 작더라도 완전한 게 좋아요.

매장이 돌아가게 하는 가장 큰 원동력, 직원을 움직이게 하는 힘은 뭐라고 생각하세요? 글쎄요. 본인이 필요성을 느껴야 하는 것 아닐까요. 다시 말하자면 하고 싶어져야 하는 거죠. 아니면 해야만 하는 상황이거나요. 열심히 하게끔 외부에서 해줄 수 있는 건 얼마 없는 것 같아요. 많은 가장이 그렇듯이 제 부모님도 자식을 잘 키우기 위해 목숨 걸고 여기까지 오셨어요. 너무 장황하게 말한 감이 있지만 소위 말하는 '워라밸'보다 생존에 좀 더 민감한 분들이 꾸준히 잘하려는 경향이 있는 것 같아요. 열심히 하는 사람은 원래 열심히 하고 설렁설렁 하는 사람은 어떻게든 대강대강 하지 않나요? 평소 흠모하던 한 교수님이 어떻게 직원이 이렇게 친절할 수 있냐고 물어보신 적이 있어요. 그때 제가 "그분은 원래 친절해요"라고 했던 기억이 나네요.

　또 하나, 제 목표는 직원분들의 기분이 나쁘지 않게끔 조율하는 거예요. 매순간 긍정적이고 밝은 모습을 보여주면서요. 웃음은 전파된다고 하잖아요. 그렇다면 좋은 서비스가 무엇인지도 알 수 있죠. 긍정 에너지의 공유이며 서로 간의 연결감이라고 생각해요. 그것은 서로를 향한 호감 어린 웃음으로 시작하죠. 너무나도 간단하지만 누군가에겐 쉽지 않은 일이기도 해요. "웃지 않는 사람은 장사를 하면 안 된다"는 말도 있잖아요. 웃음은 짧은 시간에 '우리'라는 친숙함을 안겨줘요.

다른 이유가 더 있다면, 업을 대하는 진정성에 있지 않을까 생각해요. 우리가 직원을 보듯이 직원분들도 우리를 지켜보겠죠. 30년 동안 사치하지 않고 소박하게 매일같이 매장을 지키는 모습과 박하게 대하지 않고 오손도손 함께하는 모습이 거부감 없이 서로를 가깝게 해주지 않았을까 싶어요.

그렇다면 외식업을 하는 사람이 갖춰야 하는 역량이나 자질은 뭘까요? 옳고 그르고를 함부로 속단할 수는 없지만, 각자가 가지는 사고와 태도가 크게 좌우한다고 생각해요. 누구는 친절하고(친절해 보이거나) 누구는 공격적인 말투(종종 그렇게 들리는)를 사용하게 되죠. 세 살 버릇 여든까지 간다고 하잖아요. 사람은 잘 변하지 않아요. 저도 작심삼일하기 일쑤고요. 그렇기에 꾸준히 방문하는 단골 고객처럼 직원 중에서도 수많은 사람들이 오고가면서 마지막까지 남아서 '여기가 내 집이다' 하고 정착하는 분들이 너무 소중해요. 김일도 사장님은 "직원교육은 따로 안 시킨다. 4명만 잘하면 다 따라 하게 돼 있다"고 하시더라고요. 저는 그게 문화라고 생각해요. 여기에도 좋은 사람은 필요하죠. 운 좋게 좋은 분이 오실 때가 있어요. 호감이 절로 가고, 잘하려는 게 생활인 사람이요. 그런 분과 함께 일할 기회가 있다는 건 행운이나 마찬가지예요.

슬럼프나 번아웃은 안 겪으셨어요? 한 번은 어머니가 과로하셔서 쓰러진 적이 있어요. 어쩔 수 없이 6개월 정도 쉬어야 해서 직원들에게 매장을 맡겼는데 그때 사실상 무너졌어요. 알고 보니 직원 몇몇이 하루가 멀다 하고 사고를 친 거죠. 그 옛날에도 저희는 발렛파킹을 했는데요, 주차 맡기려고 들어오는 차를 몸으로 막고 손님더러 나가라고 하는 경우도 있었어요. 게다가 현금 장사다 보니 다들 자기 주머니를 챙기고, 손님 쫓아내고 싸우면서 6개월을 보내고 나니 가게가 망가진 거죠. 무너진 가게를 다시 살려내는 데 어머니가 사활을 거셨어요. 건강을 간신히 회복시켜 놨는데 다시 다 잃으시게 됐죠.

그런 상황에도 꾸준히 감사하는 마음으로 사는 사람은 먹고 살아요. 장사를 시작하면 좌절하는 순간이 분명히 와

요. 그러면 어떤 사람들은 문 닫고 술 마시러 간단 말이에
요. 그런데 그냥 꾸준히 하는 사람은 굶지는 않아요. 그런
면에서, 외식업은 누가 해도 돼요. 하지만 분명한 건 꾸준
히 쌓아가야 한다는 거예요. 끈기 있게 발전적이면 먹고는
살아요. 잘된다는 보장은 없지만, 큰 탈 없이 먹고 살 수 있
는 건 분명해 보여요. 그런 면에서 사장의 입장은 직원과는
조금 다른 것 같아요. 사장은 이게 생존이니까 더 절실한
거죠. 손님이 오고 안 옴에 따라 뼈가 녹아내리는 것 같다
는 말씀을 종종 하셨어요. 현재는 부족함에도 고객 분들이
사랑해주시고 주위에 도움 주시는 분도 귀인들도 많고 마
음을 나누며 함께할 수 있는 분들이 있어서 너무 감사하고
행복해요.

별양집이 어떤 브랜드로 인식되기 바라세요? 제 경우 아직도
저희 브랜드 정체성이 또렷하다고 생각하지 않아요. 브랜
드 슬로건이나 스토리가 있어야 하는데, 제게는 아직 브랜
딩이라는 말이 멀게만 느껴져요. 어떻게 하면 눈앞의 고기
를 더 잘 구울까, 어떻게 하면 손님에게 더 친절할 수 있을
까, 어떻게 하면 좀 더 맛을 낼 수 있을까 하는 일들에만 신
경 쓰다 보니 브랜딩은 두 번째가 되죠.

다만 좋은 브랜드로 지속되기 바라며 하는 노력이라면,

고객이 원하는 그 순간 고객의 마음속에 머물러주는 거라고 생각해요. 우리에게 한 군데쯤은 그런 곳이 있잖아요. 내 집같이 편한 곳, 방문하면 마음이 편안해지고 나를 알아봐주는 정감 어린 이모님이 있는 곳이요. 그 브랜드가 갖고 있는 힘일 수도 있고, 어쩌면 한결같은 이모님의 힘일지도 모르죠. 별로 특별한 건 없어요. 저희는 아날로그를 추구하고 옛 방식에 매력이 있다고 믿거든요. 그런 면에서 고객을 '기억해주는' 게 가장 기분 좋은 마케팅인 거 같아요.

성공은 뭐라고 생각하시나요? 생각하기 나름일 텐데, 저는 이미 성공했다고 생각해요. 몸 아프지 않고 가족들과 친지들과 큰 부족함 없이 살고 있으니까요. 개인적인 바람이나 업무 목표는 있지만 지금 생활에 대체로 만족해요. 그 와중에 어떤 형태로든 긍정적인 방향으로 자아실현을 할 수 있다면 참 좋겠다는 생각이 드네요. 어렸을 적에는 책방에서 하루 종일 시간을 보내는 게 너무 좋아서 언젠가는 책 더미에 둘러싸여서 몇 개월간 지겹도록 읽었으면 하는 로망이 있기는 해요.

한 가지 메뉴로
최고의 매출을 올리는 법

　'별양집' 하면 '양대창'이 바로 떠오를 정도로 양대창은 우리의 정체성이 되었다. 처음에는 장사를 잘 모르니 하나를 잘하자는 마음으로 단일 메뉴에 집중했다. 신메뉴가 늘어나면 새로운 관심을 얻을 수 있고 다양한 취향을 저격할 수 있다는 장점이 있음에도 별양집은 단일 메뉴를 고집한다. 별양집이 단일 메뉴로 30년간 사업을 영위하며 규모를 키워갈 수 있었던 이유를 궁금해하는 분들을 위해 나름의 비결 아닌 비결을 정리해보았다.

온전한 맛은 기본
　별양집이 추구하는 철학은 하나를 하더라도 완성에 가까

운 제품을 내자는 것이다. OEM이나 외부생산 방식을 도입하지 않는 이상, 몇 가지만이라도 온전하게 내는 과정에서 발생할 수 있는 변수는 무수히 많으며, 제품의 궁극을 향해 가는 길은 멀고도 험하다.

곱창이 별양집에 도달하는 과정에도 함정은 있다. 곱창은 갓 잡아 나온 뜨거운 상태에서 바로 차가운 얼음물에 보관해서 전달해야 하는데, 만약 귀찮은 마음에 얼음만 넣으면 냉기가 속까지 빠르게 전달될 수 없다. 지친 배달원이 '담배라도 한 대 태우고 얼음물에 넣어야지'라고 생각한다면, 내장의 특성상 매장에 도착했을 때 이미 미세하게 상해 있기 십상이다. 이처럼 한 가지 제품에도 수십 가지 과정과 오만 가지 변수가 숨어 있다. 다양한 문물을 접하는 고객의 기준은 정말 까다롭지 않겠나. 그 눈높이에 맞추려면 단일 메뉴로도 아직 갈 길이 멀다. 또한 이 제품만은 반드시 최고를 지향한다는 소신도 있다. 우리 나름의 장인정신이다.

대접하고 싶은 장소로 포지셔닝한다

장소를 선정할 때 여럿이 의견을 모으는 경우도 있지만, 미팅이나 접대 자리라면 한 명이 심사숙고해서 고르기 마련이다. 이때 여러 가지 조건을 고려할 텐데, 일단 음식이 맛있고 잘 아는 곳, 가능하다면 나와 일행이 대접받는 느낌을 주는 곳이면 금상첨화일 것이다. 서로에게 유대관계가 쌓여 있어서 찾아가면 마음으로 반겨주거나 작은 서비스를 받을 수 있는 곳 말이다. 그곳에서 주선자는 편안한 마음으로 미팅을 시작할 수 있고, 잘 아는 맛집에서 대접하는 주선자에게 상대방 또한 호감을 느끼고 신뢰가 생길 것이다.

원활한 미팅을 돕는 또 하나의 장치는 초벌구이 시스템이다. 대부분의 대창집은 본인이 구워 먹거나 직원이 앞에서 구워주는 그릴링 시스템인데, 연기를 빨아들이는 덕트가 앞에 있어 서로의 시야를 가리거나, 고기를 굽느라 직원이 상주하는 바람에 대화의 흐름이 끊기기 십상이다. 반면 별양집은 음식이 초벌구이 상태로 제공돼 덕트나 직원이 대화를 방해할 염려가 없다. 연기나 냄새 걱정 없이 깔끔하게 즐길 수 있다는 점도 미팅의 격식을 높이는 포인트다.

서비스는 디테일에서 완성된다

좋은 커피숍의 기준이 공간과 식음료라면, 좋은 식당의 기준은 맛과 서비스일 것이다. 좋은 맛에 버금가는 서비스를 제공하려면 어떻게 해야 할까? 가장 이상적인 것은 이른바 가치관 경영을 해 구성원 모두가 동일한 비전을 공유하여 함께 나아가는 것이겠지만, 아직 가본 적 없는 길이고 너무 멀게만 느껴지는 이야기라서 좀 더 현실적으로 와 닿는 방법이 필요하다.

　일단 일의 우선순위를 잡아줘야 한다. 팔팔 끓고 있는 된장찌개나 초벌된 따뜻한 고기가 막 주방에서 나온 상태이고 그와 동시에 배달주문 콜이 울리고 있다면, 식지 않도록 뜨거운 음식을 먼저 처리하는 걸 당연하게 여겨야 한다.

　우선순위를 알려줘도 실행하는 건 또 다른 문제다. 바쁘게 눈앞에 닥친 일만 하다 보면 더 중요한 일을 해야 할 시간에 다른 일을 하기 일쑤다. 분명 순간순간 필요한 일들이 있는데 그걸 못해내면 프로세스가 전반적으로 꼬여버리거나 지체된다. 그럴 때 순서를 잡아주고 필요한 부분에 적재적소 투입할 수 있게 지원해주는 게 우리의 장점이다. 직원들의 성향이나 성격에 따라 꼼꼼한 사람에게는 그에 맞는 역할을 맡기고, 몸 움직이기를 선호하는 사람에게는 그런 일을 맡긴다. 더 중요하고 덜 중요한 일은 없다. 어찌 보면 사소한 일일지라도 애써 방문한 고객이 온전한 제품을 서비스 받을 수 있도록 최선을 다하는 우리에게는 중요한 의무이자 책임이다.

　결국 서비스에서 중요한 건 일하는 사람의 마음이다. 사람은 외부 영향으로 달라지기 어렵기 때문에 나는 기본이 잘 잡혀 있는 사람, '좋은 사람'과 함께하려고 노력한다. '좋은 사람'은 누구일까? 한껏 웃음 지을 수 있는 힘을 가진 사람이지 않을까 싶다. 그들은 꽤 사소해 보이지만 올바른 상황을 만들어낸다. 내부적으로 본다면, 좋은 직원은 고객에게 친절하고 동료에게 웃음 지으며 범사에 감사하고 업무를 온전히 해내려 노력한다. 그 결과 선순환이 이루어져서 커피 한 잔을 타더라도 제대로 된 커피가 나올 확률이 높아진다. 적절한 제조 매뉴얼이 있고 좋은 식재료가 있어도 자꾸만 제품의 퀄리티가 떨어진다면 그 답은 현장을 지키는 좋은 사람이 없어서가 아닐까 싶다.

환대받는 느낌을 선사한다

이 모든 것을 결합해 고객에게 '환대'를 서비스하고자 한다. '나만을 위한 듯한 온기가 머무는 곳'으로 인식되고자 한다. 누구나 수많은 욕망과 결핍을 가지고 있다. 그중 하나는 특별한 사람으로 받아들여지고 싶은 욕구가 아닌가 싶다. 풀어 말하자면 사랑받고, 또 이해받고 싶은 것이다. 수많은 대중 속에 나라는 사람을 알아봐주고 아껴준다는 느낌이 든다면 그건 고객과 업주라는 물질적 이해관계라기보다 서로를 향한 마음이 더 큰 유대관계가 될 것이다. 그렇게 편안함을 느끼는 집 같은 공간으로 인식되고 싶다. "밥 먹으러 가자. 소주 한잔하러 가자" 할 때 자연스럽게 떠오르는 집. 밤하늘의 별이 늘 그 자리에 있듯이 고객이 원

할 때 찾아가기만 하면 되는 편안하고 안락한 집 같은 공간
이 되었으면 한다.

그렇게 되기 위해 나름의 내부 마케팅을 한다. 직원들에
게 귀에 못이 박히도록 온전함을 강조하는 것이다. 듣는 사
람 입장에서는 교육이라기보단 잔소리에 가까울지 모른다.
고기를 구울 때는 사사건건 참견하고 온전한 제품이 나올
수 있도록 사활을 건다. 마음이 붕 뜨지 않도록 경계하기도
한다. 마음의 허점이 있으면 똑같은 재료라도 원하는 결과
를 내지 못하기 때문이다. 이런 문제를 해결하기 위해 다양
한 환경과 조건, 시스템을 갖추며 보강하고 있지만 마지막
에는 사람의 마음가짐이 결정짓는다고 생각해서 잔소리를
가장해 메시지를 전달하려 한다.

음식에는 기본적으로 정성과 '마음 맛'이 들어가야 한다.
그리고 보니 별양집은 소심한 사람들 일색인 것 같기도 하
다. 사소한 하나가 잘못될까 봐 매일 전전긍긍하곤 한다.
하지만 그 온전함을 바라는 작은 마음이 하루하루 모여 꾸
준함을 만들도록 하는 것 아닐까. 매일매일 한 걸음씩 나아
가고 주어진 것에 최선을 다해 발전, 심화시킨다. 어찌 보
면 이제껏 했던 모든 것은 망하지 않기 위해 해왔던 것인지
도 모른다. 물 위에 고상하게 떠 있는 오리의 발은 가라앉

지 않기 위해 발버둥치고 있는 것처럼 말이다. 오늘도 별양 집은 이래야 한다며 우리끼리 끊임없이 세뇌하곤 한다.

CHAPTER 10

"지금 온라인 시장이건 오프라인 시장이건
주도하는 사람들은 유통을 잘하고 가치를 잘 만들고
판매를 잘하는 사람들이에요. 제조업 종사자들은
생산을 잘하는 거지 유통을 잘하는 건 아니죠.
한마디로 유통DNA가 없어요."

호기심을 판다

박민재 · 이너스랩 대표

영농후계자로 농고, 농대를 졸업한 농업의 성골. 농사를 짓다 영어학원강사, 이태원술집 사장,
대형병원 마케터, 화장품 및 건강기능식품 마케터, 온라인 쇼핑몰 등 다양한 이력을 쌓아왔다.
10년 넘게 온라인 비즈니스에 몸담고 있지만, 0에서 1을 만든다는 점에서 농사와
모든 사업의 본질은 통한다고 믿기에 궁극적으로는 다시 농부로 돌아갈 꿈을 꾸고 있다.

이력이 독톡하시네요. 영농후계자 출신이시라고요? 농업인의 진골, 성골이라 할 수 있습니다. 전라남도 장흥에서 3대째 농업을 이어가는 중이에요. 장흥은 아버지 고향이고요, 저는 초등학교 5학년 때까지 서울에서 자라다가 아버지가 귀농하시면서 같이 내려오게 되었어요. 아버지가 농업고등학교, 농업대학교에 진학하면서 자연스럽게 농업에 발을 담그게 된 케이스입니다.

잘 파는
사람들에 대한
호기심

지금은 농부가 아닌 온라인 사업을 하고 있죠? 전환한 계기는 뭐예요? 바쁠 때는 하루에 트랙터를 12시간 넘게 타면서 정성을 다해 좋은 농산물을 생산해도, 생산물의 값어치는 시장 수요에 의해 결정되고 판매하는 사람들, 유통하는 사람들이 어떻게 하느냐에 따라 매겨지더라고요. 즉 시장을 주도하는 사람들은 생산자가 아닌 소비자에게 유통하는 사람이나 판매하는 사람들이었습니다. 농약도 사용하지 않고 잡초도 직접 손으로 뽑아가며 좋은 농산물을 생산하기 위해 밤낮없이 노력해도 소비자가 진정한 값어치를 알아주지 않으면 소용없는 걸보고, 나와 아버지가 생산한 농산물의 값어치를 내 스스로 정하고, 그 가치를 인정해주는 소비자들에게 직접 판매해야겠다 싶어서 온라인으로 사업을 시작하게 되었습니다.

그때가 언제쯤이에요? 2011년쯤이에요. 2007년에 농업대학교를 졸업하고 4~5년은 낮에는 농사일을 하고 밤에는 학원이나 공부방에서 아이들에게 영어를 가르쳤습니다. 농사일을 도와드려도 경영이 따로 구분되지 않아서 아버지가 돈을 잘 안 주셨거든요(웃음).

그러던 중 온라인 사업을 먼저 시작한 대학교 친구가 자기 회사에서 같이 일해보자고 제안해서 온라인 쇼핑몰에서 일하게 되었습니다. 평소 열정과 적극성이 넘치는 걸 보고 제안해준 은인이자 지금의 절 있게 해준 친구죠. 친구는 광주에서 화장품, 건강기능식품, 김치, 편백제품, 국수 등 다양한 아이템을 각각의 사이트에서 판매하고 있었고 저는 마케팅 업무를 했어요. 광주에 원룸을 잡아서 일하면서 농사일이 바쁠 때에는 장흥으로 가서 농사를 돕고 다시 광주로 출근하곤 했답니다.

그렇게 1년쯤 지나서인가, 친구의 도움으로 캐릭터를 만들고 쇼핑몰을 만들어서 직접 판매하기 시작했습니다.

주력상품은 무엇이었나요? 쌀이었습니다. 집에서 벼농사, 표고버섯, 밀 등 다양한 작물을 재배했는데 그중 규모가 가장 큰 건 벼농사였거든요. 우렁이농법으로 생산한 쌀이라 우렁각시가 아닌 '우렁이총각'이라는 브랜드로 '우렁이총각쌀'이라는 걸 판매했어요.

그리고 지역 소외계층 아이들은 나라에서 주는 '나랏미'라는 쌀을 받곤 했는데 품질이 많이 떨어지거든요. 예전에 탐스슈즈에 관한 책을 읽다가 영감을 얻어서 쌀 판매소득의 10%는 지역 소외계층 아이들에게 기부하고 싶어서 '기부米, Give米'라는 브랜드도 만들어서 판매했습니다. 엄청나게 많이 기부한 건 아니지만 매월 10kg짜리 쌀을 다양한 가정에 기부하고 그랬어요.

온라인 사업 말고도 다양한 일을 했다고요. 광주에 있을 때는 친구가 하는 다양한 쇼핑몰에 관여했고, 성인이 되고 나서는 동생들과 같이 이태원에 3층짜리 바를 오픈하기도 했어요. 이건 지금도 운영 중이고요. 또 강남에서 병원 운영을 잘하는 지인이 있어서 1년 넘게 일하기도 하고, 주말에는 강남의 정장 매장에서 몇 달 일해본 적도 있어요. 근래에는 직접 임산부, 유아용 화장품을 OEM으로 제작해서 판매하거나 여성용 마스크팩을 제조해서 판매하기도 했고, 건강기능식품도 해봤으니 다양하게 경험해보긴 한 것 같아요.

　다양한 일에 관심 가지고 해보려고 했던 건 기본적으로 소비자들에게 잘 파는 사람들의 비결이 궁금해서예요. 앞에서 말한 사람들은 각자의 분야에서 잘 파는 사람들이었어요. 브랜드를 팔건 이야기를 팔건, 어찌되었든 본인들의 강점을 가지고 이야기를 주도해가는 사람들이었죠. 잘 만드는 사람들은 많거든요. 각 업계의 장인들, 명인들, 외식업계로 치면 미슐랭 3스타 같은 분들이라 할까요? 그렇지만 자본주의 사회에서 큰돈 버는 사람들은 장인들보다는 판매를 잘하는 사람들의 비중이 더 높잖아요. 그 사람들에게 호기심이 생겨서 다양한 일을 했던 것 같아요.

온라인 비즈니스는 오프라인과 어떤 점이 가장 다른가요? 다른 점이 많죠. 카테고리에 따라서도 달라지겠지만 가장 대표적인 것은 온라인은 노출의 시간 싸움 같아요.

광고를 쏟아붓지 않아도 소문난 맛집은 시간이 지나면 사람들이 자연스레 알게 되고, 좋은 제품 좋은 브랜드는 친구에게 친구로 입소문이 나면서 팬들이 늘어나고 단골이 늘어나는 건 자연스러운 현상이죠. 반면 온라인이 자본의 싸움이라는 이유는, 자본이 많으면 많을수록 우리의 가치와 본질을 더 많은 사람들에게 노출시켜서 단기간에 인지도를 향상시킬 수 있어요. 그게 오프라인과 다른 점인 것 같아요.

온라인에는 다양한 광고매체와 방법이 있는데, 노출이 많이 될수록 인지도가 올라가잖아요. 방송에 나오는 것도 책으로 나오는 것도 어찌됐건 노출의 싸움이죠. 사람들 인스타그램에 계속 올라오면 노출이 되고 인지도가 올라가니까. 광고비를 많이 집행할수록 노출이 되고 매출이 오르는 건 무시할 수 없죠.

두 번째로는 고객관리를 잘해야 한다는 것이고요. 외식업이나 온라인 쇼핑몰, 기타 다른 카테고리건, 저는 계속 씨앗을 뿌리는 단계라고 생각하거든요. 농부의 관점에서 보면 다 농사짓는 거예요. 자기만의 텃밭을 계속 키우고 나의 새끼가 새끼를 낳듯, 나의 손님이 손님을 데려오는 게 새끼를 낳는 거잖아요. 농경형 경영으로 보면 온라인도 손님이 계속 쌓인다는 점에서는 마찬가지예요. 내 밭을 키우고 계속 씨를 뿌리는 거죠. 그 농작물을 어떻게 계속 잘 관리할 것인가, 그게 가장 중요한 것 같아요. 고객이 이탈하지 않게 어떻게 관리할 거냐. 제가 온라인, 오프라인 다 해보고 내린 결론은 이거예요.

고객관리라면 어떤 포인트가 있을까요? 고객관리는 집반찬연구소와 슬림쿡이 잘하죠. 제품 카테고리마다 다르겠지만, 재구매가 많이 이루어지는 상품을 어떻게 관리하느냐가 핵심인 것 같아요. 가령 마사지건이나 안마의자는 여러번 사는 제품은 아니잖아요. 이와 달리 재구매율이 높은 제품은 3가지가 키포인트인 것 같아요. 첫 번째는 온라인과 오프라인이 협업해서 첫 방문자, 첫 고객을 어떻게 계속 늘릴 것인가. 두 번째는 방문한 사람들을 어떻게 관리할 것인가. 세 번째는 재방문과 입소문을 어떻게 관리할 것인가, 다시 말해 우리 제품에 대한 고객경험을 어떻게 만족시킬것인가라고 생각해요.

좋은 브랜드, 좋은 고객관리는 콘텐츠에 기반을 두는 것같아요. 그 제품 안에서 살아 있는 무언가를 지속적으로 만들고 제품이든 고객과의 관계든 제품을 사랑하는 마음이든좀 더 잘하는 브랜드는 제품 본질을 넘어서 콘텐츠로 얼마큼 고객과 잘 소통하고 이해하는 브랜드인 것 같습니다.

대표님이 판매하는 건강기능식품이나 다이어트 제품은 재구매 성향이 높은 편인가요? 요즘에는 다이어트라는 키워드 자체가 여름에 국한되지 않고 1년 365일 매일매일 하는 걸로 인식되어 있어서 특별히 계절을 타지는 않아요. 일상적으로 먹는 거죠. 저희 브랜드네임도 인 어스(In Us), 우리 안의 뷰티를 찾는다는 컨셉이에요.

> 레드오션에서
> 살아남는
> 사람의 조건,
> 유통 DNA

매일 하는 게 다이어트라면 수요가 많은 만큼 경쟁이 치열하겠네요. 엄청나요. 오프라인에도 식당이나 카페가 무척 많잖아요. 그들 중에서 스타벅스처럼 브랜드 정체성이 또렷한 브랜드가 아닌 다음에야 치고 올라가기까지, 그러니까 어느 정도 '브랜드'라는 인식을 심기까지 광고를 집행하고 인지도를 쌓아야 해요.

저희 제품은 한국콜마나 코스맥스 같은 곳에서 제조해요. 건강기능식품에 속하기 때문에 식약청 인허가를 다 준수하는 건 당연하고요. 지식이나 경력만 있으면 자체 설비 없이 OEM으로 얼마든지 만들 수 있기 때문에 더욱더 치열한 시장이죠. 어느 상권이든 잘되는 곳은 식당이 많은데도 새로운 식당이 계속 들어오잖아요. 아무리 레드오션이라도 살아남고 아니고는 개인 역량에 따라 결정되는 것 같아요. 차별화 무기나 장점을 가진 분들은 어떻게 해서든 이겨내요. 레드오션에서 살아남는 게 정말 쉽지 않은데, 성공하시는 분들이 대단하죠. 반대의 경우도 물론 많지만요.

그 차이는 왜 생길까요? 농사랑 똑같은데요. 농사지으면 다 자기 농산물이 좋다고 해요. 당연하죠, 농사짓는 사람 치고 그런 자부심 없는 사람이 어디 있겠어요. 내 농산물이 가장 좋고 내가 최고로 잘 키웠다고 생각하죠. 이렇게 생각하다 보면 생산에 집중하게 돼요. 그런데 아시다시피 생산과 판매는 다르잖아요. 유통은 다른 개념이에요. 화장품 회사 사람들은 생산을 잘하는 거지 유통을 잘하는 건 아니죠. 한마디로 유통 DNA의 중요성을 간과해요. 저도 예전에 농산물 팔 때는 생산을 직접 했잖아요. 생산도 하고 판매도 하려면 시간이 부족해요. 하루에 12시간씩 트랙터 타면서 언제 전화 받고 택배 포장하고 물건 보내겠어요. 직원을 채용해서 어느 정도 규모화하고 체계화하지 않으면 확장성이 없는 거죠.

화장품 사업을 하려는 사람들이 많은데, 그분들에게 고민을 많이 해보라고 조언하는 이유는 유통 이해도가 낮으면 어렵기 때문이에요. 그 사람들은 생산만 생각하고 있거든요. 이만큼 생산할 수 있는 비용만 생각하고 유통비용, 운영비, 광고비, 유지보수비, 관리비 등은 생각하지 않는 경우가 많아요. 운영비까지 감당할 여력이 있으면 해도 되는데 그렇지 않으면 저는 말리고 싶어요. 생산은 본인들이 안 해도 생산만 전문적으로 하는 곳이 우리나라에 얼마든지 있어요. 제품은 거기서 만들어도 되고 본인은 브랜딩을 잘하고 유통을 잘하고 판매를 잘해야 한다는 거죠.

어느 정도 퀄리티가 보장된 제품은 시중에 많으니 그걸 알리는 능력이 중요하다는 거네요. 이때 자본의 힘이 크다면, 장기적인 관점에서 브랜딩도 중요하지 않을까요? 브랜딩은 뭐라고 생각하세요? 재미있는 게, 브랜딩도 자본이 있으면 어느 정도까지는 쌓이더라고요. 브랜드는 소비자가 인지하는 인식이라고 책에서도 이야기하잖아요. 그런데 그게 1차적으로는 자본으로 만들어지는 것 같아요. 가령 오프라인에 식당을 열었다 치면 메인상권이나 유동인구가 많은 곳에 광고를 걸겠죠. 그러면 눈에 띄고요. 유동인구가 많으니 한 번씩만 가도 그게 인지가 되면서 브랜드가 되는 거죠. 온라인도 똑같더라고요. 지인이 새로운 화장품 브랜드를 만들더니 출시 1년도 안 되어서 최고의 유명 아이돌을 모델로 쓰더라고요. 광고가 전부는 아니지만 분명 초기 인지도를 높이는 데에는 자본의 힘이 절대적이죠. 일단 인지가 되어야 장기적인 브랜딩을 할 수 있어요.

브랜드를 인지시키는 게 결국 자본의 영역이라면, 펀딩 등도 시도해본 적 있나요? 네, 와디즈에서 4~5번 해봤어요. 펀딩의 장점은 단기간에 초기 자본이 조달된다는 거예요. 물론 펀딩이 성공한다는 전제 하에서요. 두 번째는 펀딩을 통해 대중에 알리는 홍보수단으로 활용할 수 있어요. 와디즈와 텀블벅이 대표적인데 타깃은 조금 달라요. 와디즈는 상업적인 느낌이 좀 더 강하고 텀블벅은 좀 더 스토리텔링에 기반한 콘텐츠 느낌이에요.

와디즈에서 탈모 샴푸나 면역력 관련 건강기능식품, 지금의 다이어트 제품이나 미백제품 등을 해봤어요. 제가 농업고등학교에 1년 동안 선생님으로 나간 적이 있는데, 남들도 다 하는 농업 실습은 하기 싫더라고요. 그래서 학생들과 기획해서 쌀을 팔았어요. 고등학교 3학년이면 19세이니 '열아홉 쌀'이라는 브랜드를 만들어서 제품 기획, 디자인까지 진행했죠. 그런 기획에 관심이 많습니다.

대표님은 시장에서 뜨는 키워드를 그때그때 온라인으로 시도해보는 스타일인가요? 100% 그렇다고는 할 수 없지만 그에 가까워요. 새로운 걸 기획하고 스토리텔링 짜는 걸 즐기는 편이기도 하고요. 예전에는 아이디어가 떠오르면 스마트스토어로 했는데 요즘에는 쇼핑몰을 만들어요. 시장의 트렌드를 읽고 뭔가 떠오르면 키워드 검색량을 확인해봐요. 네이버에 들어가면 사람들의 관심사가 데이터 수치로 보이잖아요. 그 수치에 맞는 제품이나 그 관심사에 부합하는 제품을 개발하는 거죠. 물론 제 이력하고도 맞아야겠지만요.

워낙 디지털, 모바일이 대세다 보니 작게라도 온라인 비즈니스를 시작하려는 분이 많습니다. 예비 창업자들이 조언을 구한다면 어떤 이야기를 해주고 싶어요? 조언이라기보다는… 관점에 따라 다르겠지만, 진심을 다해서 올인할 자신이 있으면 하라고 할 것 같아요. 그게 기본 전제이지 않을까요? 모든 생각과 자본을 다 집중해보라고요. 온라인 사업일수록 자꾸 부업으로 해볼까, 하는 생각을 하거든요. 올인해도 될까 말까인데요. 본업을 버리라는 이야기는 아니에요. 처음엔 부업으로 가볍게 시작하시는 게 좋기는 해요, 용돈벌이 식으로. 그러다 부업의 가능성이 본업보다 크다고 느낀다면 본업에 쏟는 시간과 열정 이상을 쏟아부을 각오로 시작했으면 하는 생각이에요. 쏟는 노력은 부업처럼 하면서 본업 이상의 결과를 바라거나, 타인의 본업에 그만큼의 노력을 하지 않으면서 기대하면 욕심이라고 생각합니다.

　예전에 제가 우렁이총각으로 방송에 나왔을 때 다들 귀농에 대해 물어보더라고요. 귀농한 사람도 많이 만났고요. 그때마다 제가 물어봤어요. 얼마 벌고 싶냐고, 지금 얼마 버냐고. 그런데 다들 "생각 안 해봤는데요" 하는 거예요. 그러면 안 된다고, 그렇게 오면 돈 못 번다고 얘기했죠. 귀농과 귀촌은 달라요. 귀촌은 시골에 살러 오는 것, 그리고 귀농은 말 그대로 농사로 생계를 유지하는 것이기 때문에 귀촌을 원하는 거라면 그냥 하던 일을 계속하라고 하죠. 귀농은 농사로 소득을 올려야 하는데 이제 막 농업을 시작한 사람이 기존의 소득 이상을 벌기가 쉽지 않거든요. 귀농한다고 하루아침에 행복해지는 건 아니에요. 큰 각오와 결심 그리고 준비가 철저히 되지 않았다면 생각보다 더 어려울 것 같아요.

결국 통하는 키워드는 'for me'

코로나19 때는 어땠나요? 온라인은 타격이 상대적으로 덜했죠? 네, 저희는 코로나 때문에 당장 매출이 떨어지거나 오르거나 하진 않았어요. 다만 이 일을 계기로 앞으로의 비즈니스 모델을 좀 더 촘촘하게 짚어볼 수 있었어요. 코로나라는 기폭제로 상황은 점점 더 치열해질 텐데 그래도 3가지를 염두에 두면 생존가능성이 높아지지 않을까 싶습니다.

먼저 개인의 적응력은 어느 때보다 중요해졌다고 봅니다. 닷컴버블, 모바일의 일상화, UCC(user created contents) 등 온라인을 지배한 키워드들을 훑어보면 하나의 아이템이나 플랫폼이 꾸준하게 시장을 지배한 것 같진 않아요. 적응해야 대응할 수 있다고 믿고, 코로나가 터진 후 제 주위만 봐도 빠르게 움직이는 친구들은 살아남았거든요.

두 번째로는 비대면이 나를 위한(for me) 시장을 더 가속화시키고 있다고 봐요. 이미 개인주의가 자리잡았지만 앞으로 점점 더 혼자 즐기고 혼자 보내는 시간이 많아질 거예요. 자의 반 타의 반, 자신을 돌아보며 내가 좋아하는 것이 무엇이고 잘하는 것이 무엇인지 생각하고 나에게 집중할 거라 봅니다.

마지막으로는 이러한 현상을 기반으로 스몰 브랜드가 유리해지겠죠. 다들 나를 위한 브랜드를 찾아나서면 작은 브랜드들이 힘을 발휘할 기회가 많아질 거예요. 이미 상당 부분 그렇지만 개인이 선호하는 방송, 채널, 브랜드들이 더 정교해지고 있어요. 결국 자본력이 크지 않은 개인이라도 자기만의 뾰족함을 갖고 시장의 변화에 적응해가면 살아남을 수 있는 시대가 왔다고 봅니다. 이미 왔는데 코로나로 인해 한발 더 빨라진 느낌이에요.

또 기획하고 싶은 아이템이나 방향이 있나요? 동업이 아니라 저 혼자 하는 사업으로 '아내생각'이라는 쇼핑몰이 있는데, 이건 아내를 위한 브랜드예요. 첫 번째 상품은 아내를 위한 스트레스, 수면차예요. 그런데 재미있는 게, 아내를 위한 카테고리인 동시에 다르게 읽으면 '아, 내 생각'으로 읽히기도 한단 말이죠. 그래서 나를 위한 제품을 팔 예정이기도 합니다. 사람들은 결국 나를 위한 시간, 나를 위한 선물에 관심이 많아요. 과거에는 선물이 남을 위해 하는 거였다면 요즘은 모든 것이 '나'로 귀결된다고 보거든요. 다이어트도 마찬가지죠. 자기만족을 위해, 자기가 좋아서 하는 거잖아요. 무엇이 됐든 'for me'의 관점에서 생각해보려 합니다.

기획력이란 뭐라 생각해요? 생각의 정리가 아닐까요. 내가 지금 하고 있는 생각을 잘 구성하는 거죠. 특정 키워드에 대해 해석하는 관점이나 정리, 풀이하는 방법이 아닐까 해요. 저란 사람은 좋게 말하면 생각의 서랍이 많은 편이고, 안 좋게 말하면 잡생각이 많은 편이고요, 하하.

시장에서 팔릴 만한 키워드를 찾기 위해, 혹은 배움을 위해 특별히 노력을 하나요? 뉴스와 책을 많이 보고, 최근에는 일주일에 한 번씩 서울에서 인문학 수업을 듣고 있어요. 수업도 좋지만 함께 공부하는 사람들을 보면서 자극을 많이 받아요. 공부의 방향이라는 게 다양하잖아요. 다양한 분야의 젊은 능력자들이 많은데, 저보다 사업 잘하는 사람들을 보면서 많이 배우고 자극을 받죠. 비즈니스의 여부와 상관없이 일단 저와 다른 업계에 있는 분들을 보면 배울 점이 많고요.

최근에는 어떤 책을 읽어요? 인상적으로 읽은 책은 어떤 거예요? 책을 가리지는 않고요, 그냥 항상 머리에 남는 책은 정주영 회장님의 《이 땅에 태어나서》와 이병철 회장님의 《호암자전》이에요. 두 분 다 농업과 농사 이야기가 있고 뿌리가 있어서 그 이후로 어떤 책을 읽어도 가장 마음에 남는 것 같아요. 최근에 읽은 책 중에서는 《그로잉 업》이 좋았어요. LG생활건강 차석용 부회장님의 스토리가 너무 재미있었어요. 한 사람의 스토리가 드러나는 책을 선호하는 편이에요.

스스로 집중하는 가치가 있다면요? 본질일까, 관심일까, 이것저것 생각하다 보니 결국 '행복'으로 귀결되더라고요. 행복이란 나를 위해 사는 거잖아요. 제가 바라보는 행복은 상대적인 게 아닌 그냥 내가 느끼는 행복입니다. 내가 남보다 더 많이 가져서 행복한 게 아니고 내가 내 시간을 값어치 있게 쓰고 내면이 멋진 사람이 되고 싶어요. 남이 아무리 부를 많이 축적했어도 그건 그냥 '우와 부럽다, 대단하다'라는 순간의 부러움일 뿐이지, 저는 그저 저만의 행복을 가지고 살아갑니다. 내가 웃을 수 있고 만족감을 느낄 수 있는 나만의 절대적인 행복을 찾아서. 다른 사람들과 비교하지 않고 나에게 집중하는 건데, 그런 제품과 시간을 팔 수 있는 사람이 되고 싶어요. 그렇게 하고 있다고 생각하고요.

인생의 가치관이 '행복'으로 바뀌면서 남들의 행복에도 관심이 생긴 것 같아요. 이렇게 생각하면 일에 대한 접근방식이 달라져요. 제가 온라인 비즈니스에서 자본이 중요하다 혹은 스토리텔링이 중요하다고 강조한 건 기본, 즉 본질을 갖췄다는 전제 하에서 말하는 거예요. 똑같이 농산물을 팔더라도 좋은 농산물을 광고해야 소비자가 만족하고 기대 이상의 성과가 나오겠죠. 기대에 못 미치는 상품을 팔면 고객들은 제품을 샀다가 실망하고 이탈할 테고, 결국 우리는 "애들 사기 치는 거 아냐?"라는 평을 들을 거잖아요. 본질을 잃지 않고 계속 소비자에게 최선을 다하려면 업을 통해 얻는 행복과 보람이 뭔지를 생각해야 한다고 봐요. 그 정도 마음가짐은 가져야 '이 정도면 됐어'에서 멈추는 게 아니라 올인할 수 있기 때문이죠.

그렇게 바뀌게 된 특별한 계기가 있을까요? 대학 때 호주에서 농업 실습하면서 한 번 바뀌고, 우울증 걸리면서 또 바뀌었어요. 실습할 때는 혼자 있으니까. 멜론 밭에 저 혼자 들어가서 계속 멜론 따고 컨테이너에서 자고. 1년간 외국인 노동자 생활을 한 거죠. 몸도 힘들고 사람에 대한 그리움이 컸어요.

두 번째 계기는 우울증인데, 8개월 동안 집에만 틀어박혀 있던 적이 있어요. 그때 외려 시간의 소중함을 크게 느꼈어요. 1년 가까운 시간을 왜 낭비했을까 싶었는데 고 정주영 회장님의 자서전에서 "허투루 보낸 시간이란 없다"는 글을 읽고 그 시간 또한 가치가 있다고 여기기로 했어요. 놀면 노는 대로 그것도 귀하고 소중한 시간이고, 잠자면 잠자는 대로 8개월을 날리고 난 후로는 모든 순간이 다 소중하고 값지게 느껴지더라고요.

그 후부터 관점이 바뀌었고 행복에 대해 많이 찾아다녀요. 농사짓다가 다양한 분야를 경험해보기로 결심한 것도 그런 생각의 연장이죠. 철학수업을 듣다 보니 '철학은 나만의 색을 찾아가는 과정이다'고 하더라고요. 지금 일련의 여행들이 어쩌면 저에게는 '이 여행이 나만의 행복을 찾아가는 과정이다'라고 말할 수 있을 거 같아요. 하지만 결국에는 시골 가서 살 거예요. 지금은 젊어서 열심히 살고자 하는 게 핵심이고, 나이 먹으면 다시 농부로 돌아가겠죠.

온라인 사업을 시작하는
개인이 기억해야 할 것들

'장보러 간다'는 말이 무색해질 만큼 스마트폰 하나만 있으면 무엇이든 살 수 있는 시대다. 조금 과장되게 말하면 모바일 화면 안에 내가 원하는 것이 다 있다. 이를 거꾸로 해석하면 누구나 마음만 먹으면 온라인으로 물건을 팔 수 있다는 뜻이기도 하다. 비대면과 스몰 브랜드의 약진이라는 외부환경을 언급하지 않아도, 개인이 작고 빠르고 간편하게 온라인 비즈니스를 시작할 수 있는 요즘이다. 그래서인지 온라인 예비 창업자들이 과거보다 눈에 띄게 늘어나고 있다.

온라인 비즈니스에서 10년 넘게 일하고 있지만 스스로 다른 사람보다 잘한다고 단언해본 적은 없다. 다양한 분야의 고수들이 많아서이기 때문이기도 하지만, 온라인은 워낙 빠르게 변해서 오늘 내가 잘한다고 해서 내일도, 한 달 후에도 1년 후에도 잘하리라는 보장이 없기 때문이다. 게다가 진입장벽이 낮다는 특성상 하루가 멀다 하고 새로운 지식으로 무장한 이들이 도전해오기에 조금만 방심해도 뒤처지기 십상이다.

하지만 급변하는 환경 속에서도 지켜야 할 것들은 있다. 다양한 온라인 비즈니스를 경험해온 입장에서, 온라인 창업에 뛰어드는 분들을 위해 반드시 염두에 두어야 할 점을 정리해보았다.

쇼핑몰보다 쇼핑몰의 '기능'으로 돌아가서 생각하자

"쇼핑몰은 어떻게 만들지?" 온라인 예비 창업자들이 가장 먼저 해오는 질문 중 하나다. 툴은 어떤 걸 써야 하고 쇼핑몰 구성은 어떻게 해야 하고, 결제사와 배송사는 어느 곳을 써야 하는지 등 디테일한 질문이 이어진다.

물론 오프라인에서 사업을 시작한다면 매장 자리부터 찾아야 한다. 유동인구가 많은 목이 좋은 입지에 가게를 오픈하면 지나가는 사람들이 관심을 갖게 된다. 눈에 보이니 호기심이 생기고 하나둘 가게로 들어온다. 그에 비해 온라인은 어떤가. 가령 우리 집 뒷산에 최고급 자재와 조명을 써서 감각적인 인테리어를 하고 완벽한 맛을 내는 미슐랭 3 스타 셰프를 영입해 레스토랑을 오픈했다고 하자. 하지만 우리 집 뒷산에 그렇게 멋진 매장이 있는 줄 누가 알까? 온라인은 그런 것이다. 인적이 드문 정도가 아니라 사람 한 명 다니지 않는 산에 가게를 차려놓고 '신장개업'이라고 써붙여둔 것과 크게 다르지 않다. 상황이 이러한데도 쇼핑몰을 먼저 오픈하는 게 중요할까?

게다가 10년 전만 해도 모바일로 물건을 이렇게 쉽게 살 수 있을 줄은 아무도 생각지 못했을 것이다. 저녁에 주문한 물건이 다음 날 새벽이면 우리 집 앞에 놓여 있고, 제주도에서 잡은 회를 당일 오후에 받아 저녁 식탁에 올리기도 한다. 이처럼 빠르게 변하는 시장에서, 어떤 쇼핑몰을 만들지 고민만 하다가는 시작도 하기 전에 지치거나 한발 느린 결과물을 내놓기 쉽다. 쇼핑몰이 무조건 필요 없다는 이야기가 아니라, 차별화할 수 있는 지점을 먼저 생각해보자는 것이다.

소비자의 입장에서 쇼핑몰이 하는 일은 무엇일까? 자전거에 바람 넣는 기계를 구매하는 과정을 예로 들어보자.

1. 검색창에 '자전거 바람 넣는 기계'를 검색한다.

2. 다양한 상품 중에서 가격이 낮아 보이는 것, 리뷰가 많거나 좋아 보이는 것을 몇 개 클릭한다.

3. 그중 괜찮아 보이는 걸 결제한다.

4. 연락처와 배송지를 입력한다.

5. 물건을 받는다.

절차는 단순하다. 간편결제를 이용하면 검색, 상품클릭, 주문클릭 3단계로 끝난다.

즉 쇼핑몰의 기능은 내 상품을 알리고(검색할 수 있게), 고객에게 돈을 받고(결제), 고객정보를 수집하고(배송지, 연락처 입력), 고객에게 물건을 보내고(배송), 고객의 후기를 기대하는 것이다(고객상품평 조사). 즉 쇼핑몰 자체에 초점을 맞출 게 아니라, 상품을 구매하고 판매하는 과정에서 필요한 기능들만 갖추면 된다. 처음 시작하는 개인사업자라면 우선 기존에 제공되는 서비스를 활용하다 더 고도화, 세분화된 맞춤형 서비스를 하고자 할 때 개인 몰을 만들길 권한다.

개인 관심사는 물론 다양한 채널과 트렌드에도 적응하자

온라인 판매 채널은 점점 다양해지고 있다. 개인쇼핑몰이 있고 오픈마켓, 스마트스토어, 쿠팡이 생기더니 일상을 올리던 인스타그램에서 물건을 판매하고 유튜브나 네이버 등 라이브 방송을 통해서도 판매되는데, 결코 만만히 볼 수치가 아니다. 2~3년 전만 해도 유튜브로 월에 억 단위를 벌거라고 몇 명이나 생각했을까? 이처럼 빠르게 변하는 채널에 적응해야 한다.

또한 평범한 개인이 뛰어드는, 진입장벽이 낮은 영역일수록 디자인이나 원료 면에서 트렌드의 영향을 크게 받는다. 그러니 일단 새롭게 등장하는 것들에 대한 관심의 끈을 놓지 않되 그 안에서 내가 잘하는 것, 혹은 내 안목이 뛰어나거나 다른 친구들에게 잘 설명할 수 있는 것이 무엇인지 생각해보자. 특정 주제만 나오면 나도 모르게 말이 많아지고, 날 보는 친구들의 눈빛이 달라지는 경험은 누구나 있을 것이다. 그러한 경험을 하나하나 적어보고 남들보다 앞서갈 수 있는 것들이 있는지(제품의 정보나 가격경쟁력 등) 찾아보자. 자신이 파고들고자 하는 채널에 적응하는 것도 필요하다. 각 채널마다 프로세스가 다르고 작업방식이나 정황도 다를 테니 각각의 특성을 체화해야 한다.

개인이기에 잘할 수 있는 일들, 개인이 갖춰야 할 자질을 잊지 말자

개인이나 인원이 적은 소규모의 팀은 아무래도 자본력에서 밀리기 쉽다. 반면 개인이 기업보다 앞설 수 있는 것은 의사결정력이나 행동력이다. 작은 팀이나 개인은 결정에서도 기동력을 높일 수 있다. 물론 빠르다고 다 좋은 것은 아니지만, 시도해보고 아니면 빠르게 돌아올 수 있는 유연함이 필요하다.

시장을 보는 직관력도 개인이 키울 수 있는 역량 중 하나다. 설령 좋은 제품을 갖고 있어도 시장에서 성공할 가능성을 객관적으로 판단할 안목이 없다면 앞서가기 힘들다. '관리'나 '각오', '열정'이라는 말로 대변되는 지속가능력이야말로 개인이 꼭 갖춰야 할 자질 중 하나다.

같은 관점에서 온라인 마케팅 역시 현실적으로 접근해야 한다. 기존 오프라인 사업장을 가지고 있거나 오랫동안 브랜드를 유지해온 기업이라면 당장의 이익보다 길게 보고 마케팅을 집행할 필요도 있고, 팬덤도 신경 써야 한다. 하지만 이제 막 뛰어든 개인 사업자라면 이야기가 달라진다. 가격 책정 역시 가성비나 가심비를 우선시해야 하며, 홍보 또한 대행사가 아닌 지인들을 대상으로 직접 해야 한다. 다이어트를 시작할 때 친구들에게 먼저 살 뺀다고 선언하는 것처럼, 지인들에게 이런 사업을 시작한다고 대놓고 홍보할 수 있는 용기(?) 정도는 갖춰야 한다. 입소문은 가장 가까운 곳에서 시작되며, 내가 하지 않는데 누가 알아서 대신해주지도 않는다. 작게라도 한 번의 성공 경험을 갖는다면 (시행착오는 당연히 겪겠지만) 이 경험을 통해 대중의 관심을 읽는 힘 또한 키워갈 수 있을 것이다.

"같이 일하고 싶다고 하니 어머니가 대뜸
꽃꽂이랑 다도부터 배우라고 하셨어요.
'아니, 음식 하는 데 꽃꽂이랑 다도가
무슨 관계가 있어? 아무 상관관계가 없잖아.'
아니래요. 교실에 나오는 사모님들과 어느 정도
친해질 수 있다면 웬만한 여성 고객들은
대하기가 상당히 편할 거라고."

[CHAPTER 11]

문화를 판다

권기남 · 고향차밭골 한정식 오너 셰프이자 대표

2012년, 한식대가에 선정된 어머니의 가업을 이으며 외식업에 발을 들였다.
선재사찰요리 해외원정팀 소속으로 한식을 통해 한국문화를 알리는 것에 관심을 갖게 되었고,
고향차밭골 한정식이라는 단일 메뉴로 전통 한정식 고유의 맛과 경험을 팔고 있다. 대구를 찾는
고객들에게 '저 집 음식이 한국 대표음식'이라 인정받는 명품식당을 만드는 것이 오너 셰프로서의 꿈이다.

오너셰프시죠. 요리를 언제, 어떻게 시작했어요? 군대 때부터 시작했죠. 요리를 썩 좋아하지는 않았는데, 취사병이 된 건 제게 되게 좋았어요. 기술도 하나 없었는데.

2대 사장님이시죠? 어머니는 외식업을 어떻게 시작하셨나요? 저희 식당이 30년이 되어가요. 우리 어머니는 음식 드시는 것부터 시작해서 안목이 예민하고 까다로운 분이거든요. 외가 쪽이 다 요리를 하셨고 어머니는 종갓집 며느리다 보니 어느 정도 요리를 하실 수는 있었어요. 그렇다고 처음부터 외식업을 뛰었던 건 아니고, 아버지 사업이 하락세를 보이면서 어머니가 식당을 시작하셨죠.

어머니께서 특별히 사찰음식 쪽을 하시게 된 계기가 있나요? 어머니가 제 나이 때 한 번 되게 아프셨대요. 그 전에는 음식을 까다롭게 드시지 않았는데, 몸이 안 좋아지니 식치(食治)를 해야겠다 생각하신 거예요. 그때부터 요리를 깊이 연구하셨대요. 그리고 그때부터 다도를 하셔서 식당 2층에 차실도 있어요.

사찰음식으로 유명한 선재스님도 어머니가 소개하신 건가요?
어머니가 식치료라는 개념으로 한식당을 운영할 때, 저희 어머니 종교가 불교여서 절에서 봉사활동을 한 번씩 하셨던 거예요. 그리고 선재스님도 사찰요리를 시작하게 된 계기가 저희 어머니랑 같은 걸로 알고 있어요. 음식으로 몸을 치유하는 개념. 그 코드가 우리 엄마랑 완전 맞아떨어진 거지. 지금도 대구에 오시면 저희 차밭골 음식을 드시며 식치에 대한 좋은 말씀을 많이 해주세요.

사찰음식을 쉽게 설명해주세요. 일단 오신채가 빠져요. 마늘, 파, 부추같이 톡 쏘는 매운 성질의 식재료, 그러니까 우리 몸의 기운을 일시적으로 북돋워주는 것들은 일단 피해요. 음식 역시 늘 고요해야 하는 거죠. 사실 저희 식당의 컨셉은 사찰음식이 아니라 경상도 토속 한정식이에요. 그런데 거기에 나오는 나물반찬 종류가 사찰음식에 가까운 거죠. 나른 한식당은 사찰음식이라고 하면서 샐러드 음식을 흉내내는데, 선재스님 같은 분들은 그런 음식보다 정성이 많이 들어가는 토속 한정식을 선호하시죠.

**꽃꽂이와
다도로 시작한
외식업 수업**

**취사병 경험도 있고 어머니가 요
리를 잘하시지만, 요리에 뛰어든
계기가 따로 있었을 텐데요.** 결정
적 계기는 요리를 사랑해서가 아
니고, 가족을 사랑해서예요. 사
실 저는 스포츠 에이전시에 들
어가고 싶었어요. 저희 아버지도 축구선수 출신이고 동
생도 축구를 했어요. 그래서 동생 매니저가 되면 좋겠다
고 생각했죠. 그런데 2012년 여름에 어머니랑 안동에 여
행 갔는데, 식당에서 음식을 먹고 쓰러지신 거예요. 그
게 제게 엄청난 사건이었어요. 어머니 건강이 좋아졌다
고 생각했고 가게도 꽤 잘됐던 것 같은데. 여자 혼자 몸으
로 그 큰 식당을 운영하려니 체력적으로 많이 고갈됐나 봐
요. 동생도 일본에 축구 유학 중이라 돈이 많이 들 때고.

원래 제가 굉장히 우유부단한 사람인데, 어머니가 쓰러
져서 병원에 누워 계신 걸 보고 현실감각이 확 생기더라고
요. 내가 더 이상 무던하게 살면 안 되겠다. 될 대로 되라지
하고 살면 정말 이도저도 안 된다는 걸 그때 알았죠. 사랑
하는 가족을 지킬 힘도 없다는 것도 그렇고, 군대까지 기다
려주고 그 뒤로도 나를 믿어주는 당시 여자친구도 책임지
려면 어떤 결단이 필요하겠다고 생각했어요. 그래서 어머

니가 깨어나면 말해야겠다 결심했죠.

그런 현실적인 계기로 음식을 배웠다고 해도 쉽지는 않았을 거 같은데, 어떻게 시작했어요? 제가 어머니를 설득했죠. 어머니랑 외식업 같이 하고 싶다. 그런데 어머니 반응이 재미있었어요. "넌 모른다." 가게 고객이 대부분 여성인데, 여성 대우하는 걸 편안해하고 기본적인 소양을 갖춰야 하는데 할 자신 있냐는 거예요. 원래 저는 남자들과 어울리는게 훨씬 익숙했거든요. 이런 애가 장사를 할 수 있을까, 엄마는 긴가민가했던 거죠. 그래서 "뭘 해야 하는데, 내가?" 그랬더니 꽃꽂이랑 다도부터 다니래요. "아니, 음식하는 데 꽃꽂이랑 다도가 무슨 관계가 있어? 아무 관계가 없잖아." 아니래요. 교실에 나오는 사모님들과 어느 정도 친해지면 웬만한 여성 고객들은 대하기가 상당히 편할 거라고.

그래서 꽃꽂이 학원도 가고 다도도 배웠어요. 그것도 가장 까다롭다고 하는 일본 다도를. 선생님들이 나중에 그러시는데, 어린 총각이 다도를 배운다고 오니까 너무 예뻤대. 꽃꽂이 학원도 생각보다 재미있었어요. 내가 사모님들이랑 너무 잘 놀더라고. 수업 끝나면 그분들을 우리 식당에 모시고 오고, 그런 일이 반복되다 보니 어머니가 조금씩 신뢰하셨어요.

그러면 이력은 어떻게 이어갔어요? 바로 주방에 들이지 않고 정말 작은 것부터 시키셨어요. 처음에는 재정부터 보고 홀 서빙 보게 하고, 틈날 때 레시피를 알려주셨어요. 저한테 쉽게 가르쳐줄 방법이 없을까 생각하다 소스를 개발하시고, 조림 반찬 같은 것들도 어머니 나름대로 쉽게 레시피를 만들어서 저한테만 따로 알려주셨어요.

진짜 가업이네요. 네. 그렇게 요리를 배우기 시작했죠. 그러던 중 2014년 봄에 선재스님이 산나물 캐러 오셨단 말이에요. 그런데 스님께서 프랑스 부르고뉴 페어에 참여하는데 어머니도 같이 갈 수 있는지 제안하셨어요. 그때 어머니가 아들이랑 함께 가고 싶다고 하셨고 선재스님도 고민하시다가 허락해서 해외 원정팀으로 가게 됐죠. 그 뒤로 선재스님 사찰요리 강의를 듣고, 어머니께도 요리를 꾸준히 배웠어요. 그러면서 실력이 어느 정도 쌓이기 시작하니까 스님께서 그다음 페어에는 저를 불러주시더라고요.

인정받은 거네요. 주로 어떤 투어예요? 2014년 봄에 했던 행사는 프랑스 대사관 갈라 디너였어요. 한국문화를 알린다는 취지로 한국 식문화에 국악팀, 한국 무용팀이 콜라보했던 행사. 그리고 그 해에 이태리 슬로푸드라고 박람회가 또 있었거든요. 거기서 사찰음식 식문화 부스를 저희가 맡았는데 그때 노광준 대표를 만났어요.

부모님과 함께 일해서 좋은 점과 힘든 점이 있을 것 같습니다.
솔직히, 가업을 잇는다 그러면 한 번 더 고민해봤으면 좋겠다고 말해요. 특히 정신적으로 위험하다고 생각해요. 육체적으로 힘든 건 없어요. 왜냐하면 부모님은 무조건 자식을 아끼게 돼 있더라고요. 제가 겪어보니 혹사시킨다고 해도 결국 직원들보다는 일을 덜 시키더라고요. 그래서 제가 어머니한테 이런 말을 했어요. 엄마라는 그늘이 있을 때 나를 더 혹사시키고 단련시켜야 어머니가 무슨 일이 생겼을 때 내가 역량을 발휘할 수 있다, 그러니 나를 너무 아껴두지 말라고 했어요. 일에서 나를 한 번씩은 조금 모질고 거칠게 다뤄줘라.

그런데 부모와 함께 있으면 대부분 정신적으로 멘털이 나가요. 다른 식당에서는 직장 상사와 직원이겠지만 저희는 그게 안 돼요. 부모자식이라는 개념을 끊으려야 끊을 수가 없어요. 하루 종일 부모님과 함께 있으면서 이분의 일거수일투족, 모든 감정을 다 들어줘야 하잖아요. 차라리 한 다리 건너 남의 이야기면 좀 괜찮아요. 그런데 엄마의 고민은 나나 가족과 연관된 게 엄청나게 많은 거예요. 그렇다고 이런 얘기를 제가 남들한테 하기도 어렵고.

제가 볼 때 가업을 잇는다는 건 수행자적인 마인드가 필요해요. 이게 쉬운 일은 아닌 것 같아요. 저도 처음에는 우리 차밭골을 내가 좀 더 발전시키고 어머니가 못하는 부분을 내가 채워주겠다는 포부가 컸어요. 시스템도 개선하고 어떤 세련됨을 입혀야겠다는 경영적인 부분에서 접근했는데, 어머니가 손을 떼지 않는 이상 내가 할 수 있는 게 없다는 걸 깨달았어요. 지금은 어머니의 정신을 이어가야겠다는 마인드로 가야 하는 거죠.

2세 사장 역할은 '소통의 다리'

얼마 전에 매장을 이전하면서 사장이 되셨죠. 어머니와 해온 시간이 긴데, 리더가 된 기분이 어때요? 저는 사장이지만 또 부모님과 직원의 중간이기도 해요. 부모님과 고객의 중간이기도 하고요. 그 중간 역할을 끊임없이 하고 있는 느낌이 들어요. 소통의 다리. 고객과 직원의 마음을 제가 먼저 듣고, 부모님에게 전달할 때 '나'라는 필터를 통하는 거죠. 그래야 현실에 반영되니까. 고객과 직원이 하는 말 그대로 이야기해버리면 어머니께 너무 강하게 전달되거든요. 그걸 제가 부드럽게 전달하는 게 직원을 위한 길이 되더라고요. 나아가 어머니를 위한 길이기도 하고. 그래서 항상 중립을 유지하려고 해요. 사장이 됐다고 편협해지거나 시야가 좁아질 위험이 있는데, 중간 역할을 하는 게 도움이 돼요.

손발 맞는 직원들끼리 일하는 분위기에서 사장으로 일해서 좋은 점은 어떤 거예요? 예전에는 직원 분들 입장에서는 제가 사장의 아들이다 보니 조금 불편한 점도 있었을 거예요. 그런데 이제 제가 사장이 됐잖아요. 주방에서 제가 입버릇처럼 하는 이야기가 있어요. "잘못된 거 있으면 여사님들 탓 아니에요. 제 탓으로 돌리면 됩니다." 이게 여사님들에게 되게 큰 힘이 되는 말인가 봐요. 그러면서 저를 예전에 알던 어린애가 아니라 사장으로 봐주는 것 같아요. 지금도 주방에서 일손이 부족하면 저를 불러요. "작은 사장님, 빨리 와주세요, 뭐 좀 해주세요." 홀에서 바쁠 때면 또 부르고, 그러면 뛰어가서 해결하고. 그런 식으로 제가 왔다 갔다 하니까. 오늘처럼 제가 식당에 없는 날에는 여사님들이 "아, 우리 오늘 다 죽었다" 이런 말을 하시거든요.

　지금 저는 거창하게 젊은 직원들과 함께 우리 뭔가 더 큰 미래를 꿈꿔보자, 이렇게 말하는 사장은 아닌 것 같아요. 딱 나이 많은 여사님들 케어해가면서, 그분들이 힘들어하면 재롱도 떨어드리고, 어깨도 주물러드리면서 가고 있습니다.

리더로서 닮고 싶은 롤모델이 있나요? 마이클 조던? 제가 가장 좋아하는 운동선수기도 하고, 그 사람의 리더십도 훌륭하고. 그리고 올라운드플레이어잖아요. 코트 안에서 모든 살림살이를 할 줄 아는 사람. 사장인 나는, 아들인 나는, 가장인 나는 우리 가족과 직원들, 고객 전체가 원하는 뭔가를 해줘야 하는 사람인데, 그런 점에서 조던만큼 그 모든 것을 다 해내는 선수가 없다고 봐요.

> 음식을 넘어
> 문화에
> 녹아드는 맛

고향차밭골이라는 이름이 정감 있고 좋아요. 누가 지었어요? 저희 어머니죠. 토속 한정식이다 보니 어머니가 정감 가게끔 고향이라는 말을 넣고 싶으셨나 봐요. 차밭골이라는 말이 식당에 어울리지는 않을 수도 있는데, 어머니가 다인(茶人)의 정성스런 마음, 손님들에게 좋은 토속 한정식을 제공해주고 싶은 그 마음이 변치 않았으면 좋겠다는 생각에 지으셨대요.

손님은 어떤 분들이 주로 오시죠? 30대 이상의 여성 고객이 거의 90%예요. 남성분들은 식도락을 즐기는 여유 있는 분들이 오시고요. 주말에는 가족 단위 손님이 많아요. 그런데 매장 위치를 옮기고 나서는 20대 후반 여성층이 조금 더 생기기 시작했어요. 이곳 팔공산이 대구에서도 되게 유명한 핫플레이스여서 유명한 카페가 많아요. 그러다 보니 카페를 즐기러 오는 20대 젊은 친구들이 조금씩 유입되기 시작하더라고요.

메뉴는 어떻게 구성돼 있나요? 지금은 차밭골 정식 딱 한 가지예요. 둘이 가게에 들어가면 2인분이 자동으로 나오는 시스템이죠.

정말 승부 보기 힘든 구성인데요? 그렇기도 하고 아니기도 해요. 아내와 동생이 홀을 담당하는데, 동생이 처음 와서 "와, 나는 우리 집이 이렇게 회전율이 좋은 줄 몰랐어" 하더라고요. 한상차림이 나오면 기분 좋게 먹고 배부르면 바로 일어나니까 생각보다 대기시간도 길지 않고 회전율이 좋아요. 동생 말이, 일본에서도 이런 식당은 본 적이 없는 것 같다더라고요. 어머니가 머리를 잘 쓰신 거죠. 다만 저는 요리를 하는 입장이다 보니 단품 메뉴 개발이 필요하다는 생각은 늘 하고 있어요. 한상차림으로 끝나는 게 이점도 있지만 그것만 너무 고집해도 안 되겠다는 생각이 드는 거예요. 그래서 단품 메뉴 개발은 꾸준히 하고 있고, 어머니에게 배워온 레시피는 언젠가를 위해 계속 정리 중이에요.

따로 마케팅이나 홍보활동을 하시나요? 매장을 이전하고 나서는 마케팅을 따로 하지 않았어요. 다행히 그럴 시간이 없을 정도로 바빠요. 그런데 필요하다는 생각은 해요. 아무래도 세대교체가 필요하니까요. 단골손님이 많으니 그분들의 입소문을 통해 40대 이상의 고객층은 계속 유입되는데, 언젠가는 세대교체가 돼야 하니까 20~30대를 위해서라도 인스타그램에나 페이스북 같은 SNS 홍보를 해야 하죠.

토속 한정식을 파는 곳이 많은데 고향차밭골이 이렇게 잘되는 이유가 뭐라고 생각하세요? 우리만의 강점이라면? 일례로, 저희는 놋그릇을 사용하잖아요. 우리 가게를 기억하는 분들 대부분이 "왜 거기, 방짜유기 사용하는 집 있잖아" 하세요. 대구에 그런 집이 저희밖에 없어요. 그 많은 세트를 유기그릇으로 사용하고 있단 말이죠. 그릇을 뒤집어보면 무형문화재가 만든 것이고, 가게 주인은 매듭공예가이고, 그분이 평생 모아놓은 고가구와 그릇 같은 것도 볼 수 있고. 그러니까 한식을 즐기는 식당인 동시에 어떻게 보면 문화공간이기도 한 거예요. 놋그릇, 고가구 등은 안목 있고 경험이 풍부한 사람들이 누릴 수 있는 맛이고, 그런 사람들이 공감할 수 있는 맛이라고 생각해요. 단순히 음식의 맛을 뛰어넘어 문화에 잘 녹아드는 맛이 아닌가. 당연히 맛집이기도 하지만, 저희는 사람들이 자신의 경험과 취향과 안목으로 공감해줄 수 있는 한식의 문화를 판다고 생각해요.

고향차밭골은 어떤 브랜드라고 생각하세요? 지금의 차밭골은 이전하기 전과는 또 다른 것 같아요. 고객과 대화할 줄 아는 브랜드랄까요. 어머니와 내가 만든 브랜드, 이 공간에서 고객들과 끊임없이 소통할 수 있잖아요. 이렇게 말하면 결국 또 문화공간으로 이어져요. 그런 문화공간을 만들고 싶은 거죠. 저희가 반찬도 파는데, 그 순간이 어찌 보면 더 재미있어요. 왜냐하면 대화를 할 수 있으니까. 베스킨라빈스 같은 데는 "이거 주세요" 하고 고르면 끝이잖아요. 그런데 반찬은 이거저거 달라고 하면서 내가 이걸 어떻게 먹었는지, 친구들에게 소개하니 좋아하더라, 그런 소통을 할 수 있어요. 저는 그 순간이 너무 재미있어요.

그러니까 옛날에는 가족끼리 잘해서 좋은 음식을 잘 파는 브랜드였다면, 지금은 고객과 함께 만들어가는 브랜드로 가고 있다는 느낌을 받아요. 실제 문화를 판다는 것도, 와서 음식을 먹고 가는 걸로 끝나는 게 아니라 고객이 "거기 방짜유기 쓰더라, 먹어봤는데 반찬이 이렇고 저랬어" 하고 말하면서 전파자가 되는 거잖아요. 고객하고 스토리를 함께 써가는 브랜드가 되고 싶어요. 그게 실제 유의미한 브랜딩이 아닐까 싶고요.

한식도 테이크아웃 시대

코로나19 이야기를 조금 해볼게요. 대구여서 타격이 더 컸을 것 같은데요. 팔공산 같은 경우는 시외여서 사실 큰 타격은 없었어요. 그런데 직원들이 먼저 불안해하더라고요. 아무래도 사람을 많이 접하는 일이니까요. 그래서 처음으로 2주 동안 쉬어봤어요. 그런데 쉬는 동안 반찬 택배 문의가 엄청나더라고요. 그래서 엄청 바빴어요. 살면서 택배 때문에 그렇게 바쁘긴 처음이었어요. 사람들의 소비패턴이 바뀌기 시작했다는 걸 그때 조금 느꼈어요. 지금은 오프라인 매장만으로도 벅차서 택배는 안 하고 있는데, 앞으로 오프라인 매장에서 또 이번 같은 변수가 생기면 바로 배달 서비스를 해야겠다 생각하고 대책을 준비하려고 해요.

매출이 언제부터 회복됐어요? 반찬 같은 경우는 매출에 타격이 없었는데, 식당은 2주 쉰 만큼의 타격이 있었어요. 그래도 사실 저희는 코로나 때문에 혜택을 받았다고 생각해요. 일단 그 시기에 매출 높이려는 욕심은 어차피 없었고요. 저희가 지금 매장으로 이전하려고 1년 전부터 준비하고 있었는데, 쉬는 동안 집중해서 마지막 인테리어 퀄리티를 높일 수 있었거든요. 덕분에 완성도가 되게 높게 나왔어요. 우리가 만족하는 집이 되었죠.

코로나19로 많은 게 바뀌고 있는데, 외식업에서는 어떤 변화를 실감하세요? 변화가 확실히 있는 것 같아요. 요즘은 이렇게 말하잖아요, '인스타용 식당.' 그러니까 카메라 앵글에 담기는 것에 신경을 많이 써야 해요. 일단 예뻐야 하고. 또 이제는 테이크아웃 개념이 생각보다 많더라고요. 저희도 배달 서비스, 택배 문의가 많아요. 우리 매장이 팔공산 쪽이다 보니 피크닉 가는 사람도 많잖아요. 그래서 도시락 문의도 많이 들어오고.

건강에 대한 관심은 어때요? 대단하죠. 연령층이 30대 이상 여성이다 보니 건강은 기본 관심사예요. 저희는 발효청을 직접 담가 소스로 사용하고 판매도 하고 있어요. 그러면서 어디에 좋은지 써놓겠죠? 그런데도 손님들이 항상 그것 이상을 물어봐요. "혹시 이거 말고도 더 좋은 효과가 있나요?" 건강에 관련된 어떤 식재료를 팔면 생각보다 매출이 많이 나오더라고요.

외식업 하고 나서 가장 크게 바뀐 게 뭔가요? 저요? 무직에서 직업이 생겼다는 거(웃음). 우유부단했던 청년에서 좀 더 현실감 있는 가장으로 바뀌었다는 거. 내 업을 찾은 거죠.

그 업이 권기남 개인에게 어떤 걸 줬을까요? 물고기가 물 만났다? 헤엄 잘 치는 것 같아요, 여기서. 적성에 맞아요. 아가미로 숨 쉬는 느낌.

물고기가 물 만났다면 자기 업을 찾은 거네요. 외식업의 매력은 뭘까요? 물고기가 살려면 플랑크톤이 풍부해야 하잖아요. 저는 사람을 좋아하는데, 외식업을 하려면 다양한 사람을 만나야 해요. 정말 다양한 사람. 고객뿐 아니라 이렇게 (인터뷰를 하는) 다양한 사람을 만날 수 있고, 나라는 사람을 상황에 따라 카멜레온처럼 색깔을 바꾸어가며 다양하게 표현할 수도 있어서 좋아요. 심지어 그 다양한 표현을 가지고도 소통할 수 있고. 최근에 수염을 기르기 시작했는데, 그러면

"왜 이렇게 스타일을 바꾸셨어요?"라는 질문을 받아요. 그 것으로도 소통이 되잖아요. 하나의 이야깃거리가 되는 거예요.

외식업 하길 잘했다고 느낀 순간이 있다면? 많죠. 내가 요리하길 잘했다, 한식당을 하면서 반찬 판매하길 잘했다고 생각하게 해주는 분들이 있어요. 어느 손님은 차가 없어서 버스를 1시간 반이나 타고 저희 집 반찬을 사러 와요. 아들과 며느리에게 줄 것까지 많이 사세요. 우리 집 반찬을 그렇게 좋아한대요.

한식을 한다는 것에 자부심을 느꼈던 건, 선재스님이랑 2014~15년에 프랑스에서 한 번, 이탈리아에서 또 한 번, 그리고 이탈리아 브로라는 곳에서 미식과학대학 학생들에게 사찰요리를 시연하는 행사가 있었어요. 그때 제가 담당했던 게 4가지 정도였는데, 잡채랑 표고된장조림 반응이 너무 좋은 거예요. 대학교라서 그런지는 모르겠는데 음식을 하나하나 먹으면서 자기들끼리 진중하게 토론하는 그 모습. 그러니까 한식을 맛있게 먹으면서, 그릇을 다 비워가면서 토론하는 모습을 보는데 굉장히 뿌듯했죠. '나 이 일 하길 정말 잘한 것 같은데?'

앞으로의 계획을 들려주세요. 특별한 계획은 없어요. 일단은 앞만 보고 달리고 있어요. 다만 저와 동생이, 욕심 내지 않아도 좋으니 한식을 세계화하는 형제가 되고 싶어요. 이제 내가 평생 같이 가야 할 친구는 내 동생인 것 같아요. 우리 형제가 의기투합해서 시작했으니 뭐라도 큰 획을 하나 긋고 싶어요.

성공이란 뭐라고 생각해요? 성공에 대해서는 예전부터 끊임없이 생각했어요. 그때그때 바뀌긴 하는데 일단 행복하게 살고 싶죠. 사랑하는 가족을 지키는 것도 나의 행복을 위한 일이라고 생각하는데, 이걸 지키는 건 돈이 필요해요.

최근에 아내와 그런 이야기를 했어요. 내가 어떤 삶을 살고 있는지는 모르겠다. 그런데 매순간 맞다고 생각해서 선택해왔던 과정의 연속이 지금의 나를 만들어줬고, 지금도 매순간 어떤 문제를 해결하기 위해 선택을 하고 있는데, 그게 어느 정도 세월이 쌓여서 누군가가 나를 봤을 때 성공한 사람이 될 수도 있겠고 아닐 수도 있겠죠. 그 사람 기준에 따라서는요. 하지만 결국 성공한 삶은 그냥 모든 걸 다 내려놓을 수 있는 삶이 아닐까. 그러니까 모든 것에서 다 자유로운 삶, 하나도 걸림이 없는 삶.

세상의 기준에서 자유로워지는 것이 성공이겠군요. 그렇죠. 더 나아가야 한다, 그만둬야 한다, 이런 걸 굳이 의식하지 않고 자연스럽게 물 흐르듯 가는 거요. 걸림 없이.

문화를 판다 * 권기남

우리다움으로
차별화한다

　고향차밭골은 단순한 식당이라기보다는 문화공간에 가깝다. 향수를 불러일으키는 맛과 더불어 정취를 느낄 수 있다. 음식을 넘어 '한국의 음식'이라는 우리 고유의 문화를 판다는 것이 고향차밭골의 차별화 포인트다.

　고향차밭골의 기틀을 잡은 어머니는 '경상도 한상차림'으로 한식대가에 선정된 명인이다. 2018년에는 문화체육관광부의 우수문화상품 한식부문에 지정되었다. 한국을 대표하는 상품에 붙여지는 영광스러운 이름이다. 전국에서 두 곳이 선정되었는데 그중 차밭골정식이 포함되었다.

　한식이라 하면 어디서든 흔히 먹을 수 있다고 생각하지만, 전통방식으로 한식을 제공하는 곳은 그리 많지 않다.

더욱이 우리 매장처럼 모든 식자재를 직접 다듬고, 담그고, 만드는 음식점은 점점 사라져가는 추세다. 그럴수록 오래도록 변치 않고 자리를 지켜간다는 것은 우리 매장의 강력한 차별화 포인트가 된다.

고향차밭골 음식은 고객들에게 맛과 건강을 동시에 만족시키기 위해 신토불이 제철 식재료를 사용하는 것은 물론, 자연 그대로의 맛과 향을 살리기 위해 효소를 연구해 담은 발효청으로 차밭골만의 한식 소스를 개발해 사용하고 있다.

차밭골 한상차림에 내는 음식은 결코 화려하지 않다. 각종 나물을 비롯해 우엉조림, 멸치조림, 고구마줄기조림 등 경상도에서 으레 먹던 반찬이 오르고, 고등어조림에 시래기된장국이 나온다. 양념과 향신료가 식재료의 향을 막아버리면 안 된다는 어머니의 철학에 따라 향이나 맛도 강하지 않다. 그런데 이 맛을 다들 좋아하신다. 그중에서도 가장 투박한 시래기된장국이 가장 인기가 좋다.

상차림에는 문형문화재 제22호 김선익의 놋그릇과 놋수저를 사용한다. 차밭골 하면 상징적으로 떠오르는 것이 바로 놋그릇이기도 하다. 알려졌다시피 놋그릇은 살균효과가 있으며 음식의 적정온도를 유지해주어 신선함이 오래가는 장점이 있다. 예로부터 궁중에서 사용된 그릇이므로 그 자체로 한식 상차림의 분위기를 완성하는 것은 물론이다.

좋은 분위기에서 맛있는 음식을 먹는 것으로 고객의 경험은 끝나지 않는다. 매듭공예가인 어머니가 직접 짠 매듭 작품과 그에 어울리는 장독대와 옹기, 뒤주나 되박, 베갯모 등 한국문화의 정취를 함께 느끼며 식사할 수 있다. 자연스레 고객들의 대화에 지나온 우리 문화에 대한 이야기가 심심치 않게 들린다. 지금은 잘 볼 수 없는 물건들이라 젊은 사람들도 관심을 많이 가진다. 궁금한 것은 물어보기도 하고 사진을 찍어가는 경우도 많다. 나이대 어린 고객과 외국인들이 이렇게 한국의 전통문화에 관심을 가질 때가 가장 뿌듯한 순간이다.

전통의 맛에 어울리는 우리만의 서비스는 무엇이 있을까? 고민 끝에 약 8년 전부터 반찬 판매를 시작했다. 당시만 해도 다른 한정식 식당에서 시도하지 않았던 것으로, 찬 종류가 많고 맛있으니 판매도 하면 좋겠다는 고객의 아이디어로 시작되었다. 즉 우리로서는 일종의 고객 서비스였는데, 이게 기대하지 않은 효자상품이 되고 있다. 매출을 올리는 데 조용하게 이바지하는 것은 물론, 멀리 있는 가족에게 택배로 보내는 경우도 적지 않다.

오너 셰프로서 나의 목표는 대구를 방문하는 고객들에게 '저 집 음식이 한국 대표음식'이라 인정받는 명품식당을

만드는 것이다. 위로는 부모님을 편안하게 하고 옆으로 아
내와 동생을 존중하고, 함께 일하는 직원들을 아끼는 마음
으로 일하다 보면 이 모든 것들이 결국 좋은 음식과 서비스
로 이어지지 않을까? 그것이 곧 고객들을 행복하게 해주는
길이고 고향차밭골을 명품식당으로 만드는 길이라 생각한
다. 아울러 우리가 선보이는 전통의 맛, 이곳에 깃든 어머
니의 철학, 그 전통을 이어가는 것이 곧 고향차밭골만의 문
화를 파는 것이라 믿는다.

"저는 언제 먹어도 어울리는 음식을
집밥이라고 생각해요. 저희 메뉴는
곤드레밥, 고등어구이, 불맛 나는 직화제육볶음,
새꼬막무침 같은 것들이에요. 말하자면
메인 요리들인 셈인데 전부 맛이
조화를 이뤄요. 어울리죠."

[CHAPTER 12]

어울림을 판다

노광준 · 영월애곤드레 안산점 대표

고등학교 때부터 요리를 좋아했고 적성을 살려 셰프의 길로 들어섰다. 일식, 양식 등
다양한 음식을 배우면서도 우리가 늘 먹는 한식이야말로 다양한 생각을 담을 수 있는 그릇이라는
생각을 잊지 않았고 첫 번째 창업을 통해 이를 현실화했다. 맛과 편안함을 모두 충족하는
맛집이라는 성과를 이뤘다면, 흔하지 않으면서 친근한 한식 맛집을 선보이는 것이 다음 목표다.

1990년생이면 말 그대로 청년 사장님인데요, 외식업을 하겠다고 일찌감치 마음먹으셨나요? 어릴 때는 사진작가가 되고 싶었는데, 외식업으로 마음을 바꾼 건 고등학교 때예요. 음식점 경영보다는 셰프가 하고 싶었어요. 10대 때 온가족이 호주로 이민을 가서 저는 호주에서 고등학교를 나왔어요. 그때 지인들이 집에 놀러오면 음식을 해주는 게 너무 재미있더라고요. 고2 때 요리에 미친 거예요. 나는 이제 요리를 하겠다며 수학시간에도, 물리시간에도 요리책만 보면서 학업을 포기했어요. 그런데 저희 가족이 먼 친척에게 사기를 당해서 비자 문제가 생긴 거예요. 결국 한국에 돌아오게 됐는데, 호주에서 학교를 나왔으니 한국에서 붕 떠버렸죠. 원래는 뉴욕의 CIA요리학교에 들어가고 싶었는데, 당시에도 몇 억이 필요해서 포기했어요. 집이 여유 있는 것도 아니고, 부모님이 해주셔야 하는데 그건 또 싫더라고요. 결국 한국에서 현실적인 방안을 찾자고 생각했죠.

가장 먼저 뭘 시작했어요? 한국에 와서 일식 창업요리반에 등록했어요. 그 수업 들으면서 다양한 사람을 만났죠. 창업 반이니까 진지하게 창업을 고려하는 아저씨들, 형들이랑 같이 배웠어요. 그러면서 한식자격증을 땄어요. 군대에 가야 하는데 그냥 가기는 싫더라고요. 어쨌든 요리로 진로를 정했으니 취사병으로 가고 싶어서 배웠어요.

제게는 군대 경험이 정말 소중해요. 원래 취사병이 되면 밥을 하잖아요. 그런데 제가 운이 좋았는지, 마침 그때 육군참모총장 공관 조리병을 뽑고 있었어요. 8명이 경쟁했는데 운 좋게 제가 됐어요. 물론 고생은 했지만 그때 많이 배웠죠.

어떤 걸 배웠나요? 그냥 취사병으로 갔으면 많은 양의 음식을 빨리빨리 해내는 개념이었을 텐데, 제가 간 곳은 어찌 보면 한 명의 고객을 1~2년 동안 계속 끌고 가는 거잖아요. 한 명을 위한 레스토랑이라고 할까. 한 명을 위해 할 수 있는 음식이 그렇게 많지는 않아요. 지금 제가 하고 있는 외식업도 매일 손님이 바뀌잖아요. 단골이 있어도 매일 오시지는 않으니까요. 저로서는 돈 주고도 살 수 없는 경험이었죠.

한 명을 위해 요리하는 것과 불특정다수를 위해 요리하는 게 어

떻게 달라요? 집밥을 하는 거죠. 진짜 집에서 쓰는 밥솥에. 좋아하는 건 그때그때 달랐어요. 매일 같은 사람에게 해주는 거라 만족시키는 기준이 달라요. 한 번의 대만족보다는 매일 평타는 쳐야 하는 터라 부담이 항상 컸죠. 주말부부여서 보통은 혼자 드셨어요. 그러니 1인분을 주로 했는데, 1인분 만들기가 오히려 까다로워요. 그게 힘들었던 것 같아요. 똑같은 사람에게 똑같은 밥을 주는데 어떻게 하면 조금 더 다르게 만들어서 만족을 줄 수 있을까.

셰프에서 외식업 경영자로

전역 후 바로 현업에 뛰어든 건가요? 2012년에 경희대학교 한식스타셰프 과정이라고 국비지원이 되는 6개월 과정을 수료하고 한 음식점에 취직했어요. 그곳에서 조금 일하다 큰이모네 가게에 갔어요.

이모님도 식당을 하셨군요. 네, 설렁탕이랑 쌈밥집을 하세요. 그 전에는 기사식당을 하셨는데, 제가 외식업을 하게 되기까지는 큰이모의 영향이 커요. 제가 어릴 때 이모네 기사식당이며 설렁탕집에서 컸거든요. 엄마도 이모네 가게에서 일하셨으니까 식당 가서 설렁탕도 많이 먹고. 그러면서 이모가 장사하시는 모습을 본 게 눈동냥이 됐던 것 같아요. 그리고 부모님이 맞벌이를 하셔서 집에 안 계시니 밥을 제가 챙겨먹었죠. 그런 환경 자체가 음식과 친해질 수밖에 없었던 것 같아요. 초등학교 친구가 나중에 그러더라고요. "어릴 때 너희 집 가서 네가 해준 참치볶음밥이 생각나." "내가 그랬다고?" 신기하더라고요. 저는 까맣게 잊고 있었는데 친구가 기억해주니. 그런 환경적 요인이 있었어요.

그래서 이모네 집에서 일을 배우고. 이모네 쌈밥집이 '쌈도둑'인데, 거기서 5년 정도 일했어요. 여기서 많이 배웠어요. 그전까지는 남들처럼 셰프가 되겠다고 화려한 꿈을 꿨는데, 이모네 가게로 넘어오면서 셰프의 길을 접었습니다. 셰프를 하지 않겠다고 결심한 건 아니고, 음식점에서 챙겨야 할 일들을 다 맡았거든요. 그러다 보니 셰프의 길에서 자연스럽게 매니징으로 넘어간 거예요. 다만 매니저 업무를 하면서도 요리는 여전히 좋아했으니까 끈은 놓지 않았어요. 돌이켜보면 신기한 일이에요. 왜냐하면 고등학교 때 제가 학업을 포기하고 요리책만 들여다보니까 선생님이 그러셨거든요. "인생은 결국 선택의 연속(Life is all about making decisions)"이라고. 저는 괜찮다고 했는데, 그 결정이 깨진 거잖아요. 일하다 보면 지금도 그 문장이 생각날 때가 있어

요. 또 다른 선택을 한 건 맞는데, 자연스럽게 물 흐르듯이
바뀐 거라서. 영원한 건 없구나 싶어요.

**요리의 어떤 점에 매력을 느꼈어요? 한편으로 외식업의 매력
은 요리와는 또 다를 것 같은데요.** 사진 찍는 것도 그렇겠지
만, 요리는 손을 쓰고 눈으로 보고 내가 생각했던 것을 표
현해내서 누군가에게 보여주는 작업이에요. 그 부분이 마
음에 들었던 것 같아요. 원래 뭘 만지작거리고 만드는 걸
좋아했는데 그게 음식이 됐고, 상대방이 먹고 맛있다고 했
을 때 그게 정말 좋았어요. 요리에 빠지게 된 이유죠.

외식업의 매력이라면, 종합예술이죠. 이것저것 다 해보
고 싶어 하는 사람 있죠? 제가 그래요. 오지랖이 넓다고 할
까, 사진 찍고 싶고 글도 쓰고 싶고, 여행도 좋아하고, 디자
이너에게 맡겨도 되는데 괜히 내가 디자인해보고 싶고. 그
렇게 조금씩 건드려봤는데, 그것들이 외식업에 도움이 많
이 되더라고요. 그게 너무 재미있었어요. 그동안 별 가치
없게 생각했던 것들이었는데 외식업에서는 뭐든 다 쓸모가
있으니까요. 예전에 스티브 잡스 자서전에서 이런 얘기를
읽었어요. 대학 때 캘리그라피 수업을 들었는데 결국 큰 의
미가 있었다고요. 나중에 매킨토시 개발할 때 활용하잖아
요. 제가 외식업에서 느끼는 매력과도 일맥상통하는 것 같

아요. 그래서 외식업이 저와 잘 맞는 것 같고요.

또 하나 들자면, 살아 있다는 느낌이 있어요. 뭐든 내가 해야만 굴러갈 때가 있는데, 그게 재미있어요. 내가 현장에서 부딪치고, 그에 대한 반응이 바로 오는 게 너무 좋아요. "정말 잘 먹고 갑니다" 하는 피드백이 오면 힘들다는 생각이 눈 녹듯 사라져요. 그게 정말 크죠. 이성적이면서도 감성적인 부분을 다 갖고 있어야 하고요. 숫자도 알아야 하지만 감성도 있어야 하고. 그런 매력이 있죠.

반대로 어려운 점은 무엇인가요? 문제는 사람이죠. 제가 이번에 매장을 하나 인수해서 매출을 살려가는 중이에요. 이제 2배 정도로 올렸는데, 그 과정이 좀 힘들었어요. 직원 뽑는 것부터 해서. 〈월간식당〉에서 '장사는 사람이다'라는 광고문구를 봤는데, 이게 너무 와 닿더라고요. 결국 매번 사람 때문에 고민이죠. 직원들은 집에 있는 가족들보다 오랜 시간을 매장에서 함께해요. 제2의 가족인 셈이죠. 그런데 원래 식구들끼리 생기는 작은 상처가 더 크게 다가오잖아요. 결국 그 상처도 아물긴 하지만 저로서는 그 과정을 바라보는 게 힘이 들고 시쳤어요.

아무래도 젊은 사장님이다 보니. 네, 직원들을 리드하는 그 힘이 부족해요. 그래서 처음에는 힘들었는데, 어느 순간 생각을 바꿨어요. 어차피 가게 망하면 다 내 몫인데, 내가 끌어안고 책임져야 하는데 나이 따질 여유가 어디 있나. 어쨌든 끌고 가는 게 중요하다 싶어서 그때부터 약간 세졌죠. 처음에는 마냥 착하기만 한 사장 있잖아요. 바보 같은 사장이었는데 어느 순간 음식이 내 마음대로 안 나가면 윽박지르고, 드라마 〈파스타〉에서 이선균이 했던 것 이상으로 험하게 굴었어요. 간절하니까 그런 행동이 나오더라고요.

직원들을 보면 외식업에 잘 맞는 자질이란 게 보이나요? 네, 있어요. 잘 웃어야 돼요. 잘 웃고 인사 잘하는 사람. 그러면 일을 좀 못해도 커버가 되는 것 같아요. 결국 사람을 좋아하는 사람이라는 DNA가 탑재되어 있어야 해요.

**현실적인
길에 차별화의
길이 있다**

한식을 배운 특별한 이유가 있나요? 호주에서 셰프의 꿈을 키웠으니 양식을 하고 싶었을 것 같은데요. 양식을 하고 싶었죠. 말씀하신 대로 호주에서 학교를 다녔잖아요. 그런데 경희대학교 한식과정을 배우면서 큰이모를 보니 생각이 바뀌었어요. 양식은 화려하긴 하지만, 결국 나는 한국인인데 내가 이 일을 오래 가져 갈 거라면 양식보다는 한식이 더 맞지 않나 싶었어요. 그리 고 또 결정적인 게, 호주에서 저는 이방인이었잖아요. 그곳 에서 양식을 한다고 해서 제가 메인이 되지는 않아요. 그런 데 한국인으로 한국음식을 했을 때는 또 다르지 않을까, 한 식을 하는 게 더 가능성 있을 것 같았어요. 호주에서 음식 점을 하겠다는 막연한 꿈에서 한식당을 하겠다는 좀 더 구 체적인 꿈이 생긴 것도 이때였죠. 당시 한식 세계화 열풍이 불던 시기와 맞물렸던 것도 있어요. 오히려 한식을 하는 게 앞으로의 트렌드에 맞겠다 생각해서 한식으로 정한 거죠.

한식에도 장르가 많잖아요. 예컨대 양식 조리법을 가미한 컨템 포러리 한식 같은 걸 해보고 싶은 생각은 없었나요? 그런 컨셉 도 좋아하고 집에 관련 요리책도 많아요. 그런데 20대 초 반이었으니 비교적 일찍 깨달았던 것 같아요. 내가 이 업을 선택한 이유 중 하나가 부의 창출이라는 걸요. 내가 요리를 좋아하지만, 요리 좋아하는 걸 떠나서 돈을 벌 수 있는 구 조를 꼭 만들고 싶었어요. 그때 또 한 번 접었어요. 현실적 으로 생각을 바꿨죠. 한편으로는 제 또래 요리하는 친구들 이 많이 가지 않는 길이어서 차별성도 있고요. 왜냐하면 재 미없잖아요. 제가 가장 좋아하는 말이 하나 있어요. "네가 사랑하는 일을 하고, 그 일을 사랑하라(Do what you love, Love what you do)." 한식이 저에게는 딱 그런 존재예요. 매일 먹는 음식이기도 하고, 화려함이나 멋과는 거리가 있지만 친숙하고 괜히 정감 가고 애정이 생긴다고나 할까요. 계속 하다 보면 한식만큼은 제가 나이 들어서도 평생의 업으로 영위할 수 있겠구나 하는 확신이 들었어요. 이모네 쌈밥집에서 일하면서 많이 배우기도 했고요.

어떤 점을 배웠는지 좀 더 구체적으로 말씀해주세요. 거기가 진짜 바쁜 매장이었거든요. 피크 때는 2시간씩 손님들이 기다려요. 그곳에서 아무리 많은 손님이 와도 겁내지 않는 마인드를 배웠어요. 군대 전역하고 일한 가게들이 다 바빴거든요. 손님 미어터지고 바쁜 것만 봐서 그런지 바빠도 당황하거나 힘들다는 생각은 별로 안 해요. 지금 매장을 열 때 그 마인드가 도움이 많이 됐어요. 그런 걸 안 겪어보면 직원들에게 휘둘릴 수 있거든요. 혹은 직원들 멘털이 나가거나. 사장은 어쨌건 정신 차리고 있어야 하잖아요. 웬만한 돌발상황은 겪어봤던 터라 멘털 훈련이 되어 있달까요.

그리고 바쁜 매장은 음식 재료를 시키는 스케일이 달라요. 그걸 관리하면서 비용절감 노하우 같은 것들을 배웠죠. 한 번은 새벽 5시에 소금을 받은 적이 있어요. 20톤 트럭이

니 1000포쯤 됐나? 그걸 싸다고 해서 다 받은 거예요. 큰
이모 배짱이죠. 컨테이너 빌려서 쟁여두면 된다고. 그런 걸
보면서 규모의 힘도 힘이지만 뭐랄까, 지혜 같은 걸 느꼈어
요. 저는 경험이 없으니 왜 저렇게 많이 사는지 의아했는
데, 나중에 보면 다 소화되더라고요. 이런 것들을 이모 밑
에서 많이 배웠습니다.

**쌈밥집이면 지금 하시는 영월애곤드레와 타깃이 비슷할 것 같
은데, 그런 점도 도움이 됐겠네요.** 네, 그렇죠. 쌈밥집의 타깃
이 제 또래는 절대 아니고, 차를 타고 와야 하는 곳에 있어
요. 건강한 음식을 푸짐하게 먹고 싶은 가족외식 상권이죠.
　지금 제 매장은 원래 집반찬연구소의 박종철 대표님이
했는데, 종철 형은 집반찬 사업이 잘되니 거기에 집중해야
하잖아요. 이 매장도 수익은 나고 있었지만 온라인 사업에
비하면 재미없는 수준이고. 제가 어느 카페에서 일할 때였
는데, 종철 형이 저더러 한번 해보라고 제안했어요. "기왕
이면 네가 해서 잘되면 좋겠다"면서요. 참 고맙죠. 형도 여
기가 안 될 매장이 아니란 걸 알았거든요. 다만 형이 너무
바쁘니 직원들만 있어서 관리가 안 되는 거였는데. 그러면
서 말도 안 되는 헐값을 부르더라고요. 이때 아니면 못하겠
다는 생각에 주저할 틈 없이 덜컥 인수했습니다.

고마운 인연이네요. 인수 후 매출을 2배 올렸다고 했는데 가장 먼저 어떤 걸 했어요? 꽃을 가져다 놓았어요. 상가 분위기가 조금 삭막했거든요. 그래서 국화 화분을 한 50만 원어치 사와서 매장 입구 아케이드에 도배하다시피 했어요. 음식도 거의 다 바꿨고요. 일단 메뉴를 많이 없앴어요. 제가 워낙 복잡한 걸 싫어해요. 집에도 가구 많이 놓는 걸 싫어해서 중요한 것만 딱 있어야 하는데, 메뉴가 너무 많은 거예요. 주방은 좁아죽겠는데. 손님에게 이것도 해주고 싶고 저것도 해주고 싶은 욕심이 나지만 다 뺐어요. 그러고 나니 남은 메뉴들의 맛을 자연스럽게 잡을 수 있었고, 직원들도 일하기 한결 쉬워졌습니다.

시즌마다 새롭게 나오는 메뉴가 있나요? 아뇨, 지금은 메뉴가 항상 같아요. 쌈도둑에 있을 때 계절메뉴를 1년쯤 해본 적이 있는데 생각보다 반응이 크지 않더라고요. 어떤 손님들은 새로운 메뉴를 원하는데, 어떤 손님은 와서 "어, 왜 그 메뉴 없어요? 나 그거 먹으러 왔는데" 그러거든요. 전자의 니즈도 있는 건 분명하니 계절감을 어떻게 줄지가 저도 고민스럽기는 해요. 하지만 하나하나 관찰하다 보면 뺄 게 없는 거예요. 나름대로 엄선해서 만든 반찬들이라 빼기가 애매해요.

이제는 이 또한 하나의 장르라고 생각해요. 다들 제철요리를 하는데, 또 이면에는 저희 같은 집도 있다, 이런 집도 가능하다는 거죠. 왜냐하면 식당을 가면 기대하는 맛이 있잖아요. 지난번에 왔을 때 그 맛이 좋아서 또 먹고 싶다는. 저는 음식의 재현성을 정말 중요하게 생각해요. 우리 제육볶음의 불맛이 좋아서 또 왔는데 그 맛이 안 나면 '이게 아닌데?' 그런 생각이 들잖아요. 다양성을 주는 것도 좋겠지만, 내가 가지고 있는 걸 지키는 것도 중요하다고 생각해요.

와 닿는데요. 일정한 맛이라고 할까. 네, 일정한 맛은 정말 중요해요. 배달을 시작하면서 신기하다고 느낀 게, 배달 도시락을 먹고 가게에 오는 분들이 있어요. 너무 좋아서 또 온다는 게 오프라인과 비슷하더라고요.

그래서인지 블로그 등을 보면 고객 평점이 정말 좋더라고요. 가족끼리 외식하기 좋은 맛집이라는 평이 지배적이에요. 언제 누구와 먹어도 어울리는 한식을 하고 싶어요. 요즘 사람들이 집밥 같은 음식을 찾잖아요. 저는 언제 먹어도 어울리는 음식을 집밥이라고 생각하거든요. 재미있는 게, 저희 메뉴들은 백반에 나올 만한 반찬이 거의 없어요. 곤드레밥, 고등어구이, 불맛 나는 직화제육볶음, 새꼬막무침 같은 것들이니까요. 말하자면 메인 요리들인 셈인데 전부 맛이 조화를 이뤄요. 어울리죠. 굳이 하나 덧붙이자면 공간이나 상권에도 관심이 많은 편입니다. 저희를 찾아주는 고객들과 잘 어울리는 곳을 만들어가고 싶어요.

코로나19 때는 어땠어요? 저희는 감사하게도 매출이 엄청 줄지는 않았어요. 그래도 많이 힘들었죠. 도시락 배달을 시작한 것도 그래서예요. 그런데 매출이 빠지니까 직원들이 갑자기 바닥 청소를 하더라고요. 시키지도 않았는데 락스로 막 닦더니 기름때를 다 벗기고. 덕분에 매장이 반짝반짝해졌어요.

> 브랜딩이란,
> 현장에서
> 발을 떼지
> 않는 것

배달을 해보니 어떤가요? 앞으로도 계속 할 생각이세요? 네, 계속해야죠. 배달 어플도 쓰는데, 이게 따지고 보면 숍인숍 개념이잖아요. 이에 대한 니즈는 항상 있었지만, 한편으로는 가게만 해도 적당히 되는데 굳이 할 필요가 있겠나 하는 마인드였거든요. 욕심 많이 부리지 말자, 있는 걸 잘하자. 그런데 코로나19라는 뜻하지 않은 변수가 생겼잖아요. 그래서 내방객이 없어졌으니 먹고살아야 해서 시작한 건

데, 이게 홍보가 되더라고요. 아까 말했듯이 배달해서 먹어
보고 맛있어서 오는 손님들이 있어요. 본인들이 말해줘요.
"배민에서 시켰는데 맛있어서 왔어요." 이게 감동이고, 개
인적으로 뿌듯했어요. 요즘은 배민 리뷰에서 힐링을 많이
얻어요. 매출 한창 없던 3~4월에 "배달의민족 주문~!" 하
고 알람이 오면 저나 직원들이나 반갑고, 위안이 됐어요.
고요한 매장에, 사막의 오아시스 같은 느낌이랄까. 배달 덕
분에 에너지를 많이 얻었어요.

**이 매장에 와서 필요 없는 걸 걷어내고 안 되던 매장관리를 해
서 어느 정도 매출을 올려놓으셨는데요. 배달도 해보고요. 이
밖에 앞으로 하고 싶은 포부나 계획이 궁금합니다.** 제 이름을
건, 제 색깔을 입힌 브랜드를 하고 싶죠. 하지만 지금은 좀
더 현실적이어야 할 때라 생각합니다. 이 상권과 제 재정상
태를 고려해서 안전하게 갈 수 있는, 내가 감당할 수 있는
한식 비즈니스를 해야겠죠. 이상을 펼치기에는 아직 제가
부족하고, 하고 싶은 게 있지만 대중이 원하는 게 뭔지 아
는 것도 중요하고요.

개인적으로 좋아하는 브랜드가 있나요? 너무 많은데, 우선은
미니. 일단 오래됐잖아요. 올해로 60주년이에요. 60년 동안

브랜드를 끌고갈 수 있는 그 자체의 매력이 있죠. 오랜 세월 동안 고유의 정체성을 그대로 계승하면서 지금까지도 대중들에게 사랑받는 브랜드이니까요. 소비자로 하여금 단순하게 브랜드를 소비하는 차원을 넘어 그들과 함께 미니만의 문화를 만들게 해주었죠. 일례로 제주도 미니런이 있어요. 매년 제주도로 본인의 미니를 타고 여행을 가요. 올해는 아쉽게도 가지 못했지만 작년에는 60대가 한꺼번에 다녀왔어요. 형형색색의 미니 중에서 같은 게 하나도 없더라고요. 때론 그 가격에 디자인 빼고는 별로라는 평을 듣기도 하지만, 반전 매력이 있어요. 미니가 작지만 강해요. 옆에 탄 사람은 승차감이 별로라고 느끼지만 운전하는 입장에서는 운동성능이 훌륭하죠. 그 만족도가 높아요. 핸들을 잡으면 저와 하나가 된 느낌이어서, 제가 현장에서 일하는 느낌과도 비슷해요.

그럼, 브랜딩이란 뭐라고 생각해요? 책에서 내리는 정의도 있고, 사람마다 자기 입장이나 비즈니스에 따라 다르겠지만, 저는 현장에서 발을 떼지 않는 게 브랜딩이라 생각해요. 업력이 쌓이면 현장에서 손을 떼잖아요. 그런데 괜히 매장에 가보고 싶은 마음, 그게 저는 즐거워요. 살아 있는 느낌이죠. 내가 일하는 일터에 발을 붙인 채 제 브랜드와 호흡을 맞춰가는 것이 브랜딩 아닐까요. 말 그대로 브랜드를 만들어나가는 과정이잖아요. 더 나아가 브랜딩은 결집력이라고 생각해요. 얼마나 많은 사람을 끌어당길 수 있는 힘을 가졌는지.

성공에 대해 생각해본 적 있나요? 제 꿈이 항상 바닷가에서 식당을 하는 거였어요. 구체적으로 말하자면 호주 바닷가에서 한식당 하는 건데요. 그렇게 기분 좋은, 자연과 어우러진 순간이 제게는 중요해요. 성공이라면… 잠자리 편한 게 최고죠. 삶의 퀄리티를 좌우하는 데 잘 자는 것만큼 중요한 게 있을까요? 도시에서 자고 일어난 것과 여행 가서 자연을 만끽하며 자고 일어났을 때 느끼는 개운함은 또 다르잖아요. 여행지에서 맞는 상쾌한 아침이랄까, 제게 성공은 그런 거예요. 성공하면 기분 좋은 아침을 누릴 수 있는 여유가 더 생길 것 같거든요. 지금도 그런 점에서 절반의 성공은 이룬 셈이죠.

요즘 음식이나 요리에 관심 있는 젊은 분들도 많은데요. 꼭 창업이 아니라 해도 먼저 이 길에 뛰어든 사람으로서 해주고 싶은 이야기가 있을까요? 제가 지금 단계에서 누군가에게 조언을 하긴 뭐하지만 또래 친구들에게 말한다면, 제가 하는 이 일은 화려한 기교가 없어도 내가 얼마나 잘하느냐에 따라 달라질 수 있는 일이라고 생각해요. 물론 정직한 비즈니스이고 재미없는 일이기도 해요. 평소 재미있다가도 재미없는 때가 꼭 오거든요. 하지만 어찌 보면 기술이잖아요. 이 기술을 얻기까지 인내는 필요하지만 익히고 나면 자기 자리를 찾을 수 있어요. 레드오션이지만 동시에 '자기다움'을 발휘할 수 있는 분야니까요. 그렇게 생각해보면 이만큼 좋은 일이 또 있을까요?

가족외식 맛집으로
포지셔닝하는 방법

우리 매장의 입지조건이 유리한 편은 아니다. 상가건물 2층에 있고 대로변에서는 보이지 않는다. 매장을 인수한 후 이목을 끄는 입간판을 세울까 고민했는데, 우리 음식을 입구에서부터 어필하고 싶지는 않았다. 음식은 글이나 사진으로 표현하는 것이 아니라 직접 먹을 때 그 맛을 오롯이 느낄 수 있으니까.

그렇다면 어떻게 손님들이 매장에 들어오게 할 수 있을까? 특히 나는 한식에서도 가족이 외식을 오는 맛집으로 포지셔닝하고 싶었다. 과하게 어필하지 않고도 가족단위 손님들이 자연스럽게 이끌려 들어오게 하기 위해 내가 생각했던 방법을 몇 가지 소개하고자 한다.

가족 맛집에 걸맞은 편안함을 주자

가족외식 맛집에 가장 중요한 것은 '편안한 매력'이라 생각한다. 특별하거나 화려하기보다는 편안함을 강조한다. 때론 그 편안함이 화려하고 고급스러운 인테리어일 수도 있고 옛 향수를 불러일으키는 노포의 그것일 수도 있다. 편안함의 기준은 손님마다 다른 데다 그 요소도 공간을 채워주는 적당한 실내온도와 조도, 적당한 배경음악, 적당한 식기류와 테이블세팅 등 셀 수 없이 많다. 쾌적하고 넓은 주차공간도 편안함을 선사할 수 있다.

영월애곤드레를 인수하고 가장 먼저 통화연결음부터 바꿨다. "집밥처럼 편안한 밥상, 영월애곤드레입니다." 단골이 아닌 처음 오는 손님이 전화를 걸어도 이곳은 편안한 곳임을 조금이나마 느낄 수 있게 강조했다.

아울러 평소 나에게 의미 있게 다가온 문구나 문장, 키워드를 잘 보이는 곳에 두어 손님들에게 노출시켰다. 깔끔하게 디자인된 출력물도 좋지만 조금 서툴더라도 따뜻한 감성이 느껴지는 손글씨로 검은 칠판에 남겼다. 좋아하는 문장이나 글 중에 매장에 연결시켜 이야깃거리를 만들 수도 있다. 감명 깊게 읽었던 책 제목도 좋고 시도 좋다. 나는 "추억의 절반은 맛입니다"라는 문구를 칠판에 써서 매장 앞에 두고, 직접 만든 보리빵을 후식으로 제공했다. 카운터에도 '추억의 보리빵'이란 이름으로 진열해두었더니 맛있게 드신 손님들이 너도나도 사갔다. 어릴 때 먹던 그 맛이라면서 사가는 분들을 보며 뿌듯했다.

입구에는 꽃과 나무를 가져다 놓았다. 국화가 저렴한 계절에는 국화 화분을 일렬로 매장 앞에 놓았고, 수북하게 꽃이 피는 수국도 놓고, 크리스마스가 다가올 때는 포인세티아를 가득 놓았다. 꽃들은 그리 특별하지 않았지만 마치 원래 그 자리에 있었어야 했던 것처럼 제자리를 찾았다. 꽃들이 나 대신 손님들에게 말했다. "우리 여기 있어요! 살아 있어요!" 손님들도 좋아하는 것을 느낄 수 있었다. 자연을 사랑하는 마음 또한 손님들에게 편안함으로 전해졌다. 화훼단지에서 구매하면 20만 원 정도에 짧게는 한 달, 길게는 몇 달 동안 매장 앞을 환하게 만들 수 있다.

매장음악은 숨쉬는 공기와도 같이 매장에 들어와서 나갈 때까지 손님에게 무의식중에 영향을 준다. 항상 음악의 톤앤매너를 정해놓고 그 틀에서 벗어나지 않게 선곡하는데, 큐레이션 서비스를 이용하는 것도 효율적인 방법이다. 시간 여유가 있고 음악을 좋아한다면 1년을 크게 4계절로 나누고 하루를 점심시간과 오후시간 그리고 저녁시간 3파트로 나누어 그에 맞게 플레이리스트를 만드는 것도 재미있는 취미생활이 될 수 있다. 공기처럼 있는 듯 없는 듯 존재

하는 음악이 경험상 가장 좋았다. 단 예외가 있다면 크리스마스 시즌이다. 이때는 하루 종일 캐럴을 틀기도 했다.

언제나 '맑음'을 명심하자

자신감 있는 표정에서 진정성 있는 서비스가 나온다. 주인이 불안한 상태면 손님도 그 느낌을 인지한다. 언제나 밝음, 흐린 날에도 얼굴에는 '맑음'이라 쓰여 있어야 하고, 손님이 없어도 여유로운 척해야 한다.

엉겁결에 매장을 인수했던 터라, 초기에는 뚜렷한 목표가 있기보단 우선 살아남는 게 먼저였다. 성급해지지 않으려고 천천히, 당장 충족시킬 수 있는 만큼의 기대감을 손님에게 주었다. 처음부터 모든 것이 완벽할 거란 생각은 절대 금물이다. 자칫 남들과 비교하게 되고, 스스로를 초라하게 만들기 때문이다. 오히려 조금씩 나아지고 변화하는 과정 속의 내 모습을 보며 일에 대한 만족감을 느꼈다.

그러려면 내가 잘하는 것과 그렇지 않은 것을 정확히 파악해야 한다. 동시에 무엇이든 직접 부딪쳐 해본다는 마음가짐도 중요한 것 같다. 나 또한 처음에는 모든 것을 직접 해야 직성이 풀렸다. 매장 테이블이 끈적여서 사포와 샌딩기를 사서 표면을 다 갈아내고 우레탄바니시를 발라 다시 코팅했다. 놋그릇도 직접 연마했다. 돈을 지불하면 모든 게 쉽고 빠르게 해결된다. 하지만 직접 부딪치며 해결해가는 과정을 통해 많이 배우고 성장했다. 그래서일까, 매장을 인수하고 얼마 지나지 않아 샀던 손때 묻은 전동 드릴을 꺼낼 때면 괜히 기분이 좋다.

때론 과감한 선택과 집중도 필요하다. 메뉴가 됐든 불필요한 인테리어 소품이 됐든 간에 말이다. 매장을 처음 시작하면서 가장 어려웠던 점이 바로 이러한 일의 시작과 끝에서 매순간 결정해야 했다는 점이다. 직원들의 의사를 반영하기도 하지만 결국 선택은 오롯이 내 몫이다.

배달에도 키워드가 있어야 한다

가족단위 손님을 타깃으로 한다면 배달을 당연히 고려할 것이다. 단, 배달전문점이 아니라면 모든 메뉴를 배달로 풀어내기보다는 선택과 집중을 하는 게 좋다. 내 선택의 기준은 단순했다. 고객이 30분 후에 받아도 맛있을 것. 주문과 동시에 5분 내로 조리가 끝날 것. 조리 끝난 음식을 담고 포장을 마무리하는 데도 몇 분이 걸리기 때문이다. 아무래도 기존에 없던 배달이 추가되면 주방에 상상 이상의 부담이 간다. 그러므로 배달을 계획했다면 바빠졌을 때를 반드시 감안해야 한다. 신 메뉴나 업무가 추가될 때는 반드시 '동선 최적화'가 동시에 이루어져야 한다. 그래야 피크시간에도 매장 고객과 배달 주문을 물 흐르듯 소화할 수 있다. 그렇지 않으면 결국 피로감을 호소하게 되고, 꾸준히 할 수 없게 된다.

판매가격은 어떻게 정할까? 처음 배달을 시작하기 전 도시락 가격에 대한 고민을 많이 했다. 매장처럼 셀프바와 후식이 있는 것도 아니므로 매장에서 받는 것보다 저렴하게 가야 하지 않느냐는 의견이 많았다. 하지만 반대로 생각하기로 했다. 그 가격에 걸맞은 가치를 손님에게 전해드리자. '선물하고 싶은 도시락'을 만들어보자. 이런 기조로 우리 도시락의 키워드를 정했다. '프리미엄 한식 도시락.'

매장에서 가장 가까운 아파트 단지 내 상가광고판에 한 달 동안 광고를 했다. 매장 테이블에도 아크릴스탠드로 홍보했더니 맛있게 드신 손님들이 도시락을 포장해갔다. 카운터 앞에도 계산하면서 볼 수 있도록 실제 도시락 용기와 구성 사진을 진열해두었다.

또 하나, 배달도 예뻐야 한다. 배달도 결국 우리가 만들던 음식을 다시 예쁘게 포장하는 패키징의 일환이니까. 기존 고객들이 매장에서 넉넉함, 푸짐함 그리고 편안함을 경험했다면, 배달을 통해서는 정성, 정갈함을 담은 선물이라 느끼게 하고 싶었다. 캘리그라피 작가에게 띠지에 들어갈 '정성을 담은 도시락'을 푸근한 글씨체로 써달라 부탁했다.

키워드는 특정 손님을 끌어당긴다. 배달의민족을 시작하고 2주쯤 지났을 때 병원에서 첫 주문이 왔다. 주문이 늘더니 단체주문도 들어왔다. 학교에서도 주문이 들어왔다. 스승의 날에는 단체도시락 96개를 만들어 학교에 직접 배달했다. 음식을 어떻게 부르느냐에 따라 그 음식을 찾는 손님이 바뀌고, 더 많은 손님에게 다가갈 수 있다.

당신은 무엇을 파는 사람인가요?

모든 일이 그렇겠지만 항상 배우고 성장하는 시간이 필요한 일이라 사소한 것에서도 배우려 애씁니다. 저와 같은 점을 보면서 배우고, 다른 점을 보면서도 배웁니다. 아쉽게도 배움과 노력이 늘 결실을 안겨주지는 않아요. 뜻하지 않게, 예상치 못한 상황에 부딪혀 좌절할 뻔한 순간도 옵니다. 그럴 때마다 물어볼 사람이 있다는 게 얼마나 위안이 되는지 모릅니다.

"형도 그때 그렇게 힘들었어요?"

돌아오는 답변은 늘 한결같습니다.

"응, 잘하고 있으니까 너무 걱정하지 마. 누구나 겪는 거야. 괜찮아."

지금은 (초보) 사장이지만 저 역시 직원이었던 시절이 있습니다. 당연히 거쳐야 하는 과정인데도 저만큼 앞에 있는 형들을 보며 언제 저렇게 잘할 수 있을까 싶었죠. 한없이 부러웠고 위축되기도 했으며, 조바심이 날 때도 많았습니다.

'언제쯤 나는 형들처럼 될까?'

돌이켜보면 제 20대는 빠르지 않아도, 남들보다 느려도 괜찮다고 스스로를 다독이던 날들의 연속이었습니다. '사장이 되면 어떨까' 하는 상상 뒤에는 설렘과 두려움이 늘 함께했습니다. 알고 보면 운이 너무 좋았던 저는 생각보다 일찍 사장이 되었고, 형들의 조언과 격려 덕에 가보지 않은 길을 무사히 나아갈 수 있었습니다. 저보다 앞서 갔던 형들은 제 고민을 이해해주는 것을 넘어 자신들의 지혜를 아낌없이 나누어주었습니다. 무엇보다 제 상황을 터놓고 말할 수 있다는 사실이 고마웠습니다.

이 책이 독자분들께 그러한 존재가 되었으면 좋겠습니다. 모범답안을 말하고 싶었던 것도 아니고, 그럴싸한 성공담으로 포장하고 싶지도 않았습니다. 그저 우리는 이렇게 해왔다는 이야기를 담고 싶었어요. 누군가의 경험이 가장 소중한 조언이자 일어설 에너지가 될 수도 있으니까요.

얼마 전 일도 형과 장난치다 안경테가 살짝 구부러져서 단골 안경점을 찾았습니다. 직원 분은 "안경이 많이 망가졌네요"라며 천천히, 그리고 묵묵하게 안경을 고치기 시작했습니다. 쓰고, 벗고, 고개를 이쪽저쪽으로 돌려보기만 수십 차례… 1시간 정도 지났을까, 그제야 수리가 끝났습니다. 멋있는 안경을 파는 곳이라고만 생각했는데, 완벽한 결과물을 만들기 위해 결코 타협하지 않는 열정과 끈기, 집요함이라는 가치를 파는 곳으로 새롭게 느껴졌습니다. 이처럼 우리 일상은 새로움과 자극, 배울거리로 늘 가득한 것 같습니다. 이 책 또한 독자분들께 일상을 다르게 볼 수 있는 질문이 되기를 바랍니다.

"당신은 무엇을 파는 사람인가요?"

저자 '파는 사람들'의 막내, 노광준